全国高职高专"十二五"规划教材

林业财务会计

叶超飞　彭东生　主编

中国林业出版社

内 容 简 介

本教材按照财政部、农业部、国家林业局颁布的《农业企业会计核算办法》(2004)和财政部组织制定的《企业会计准则》(2006)、《企业会计准则讲解》(2010)及有关农业、林业财务管理制度的规定结合当前营林企业会计核算实际情况编制而成的。全书分为8章,营林企业生产过程和会计核算概述、生物资产核算、林业专项资金的核算、林业生产成本核算、林副产品采割生产成本核算、经济林采收成本核算、公益林管护成本核算、营林企业财务报告。

本教材主要讲解营林企业的会计核算,而且只讨论涉及林业专项核算部分。因此,本书专业性非常强,适合于从事营林企业会计工作、林业主管部门、农业主管部门会计人员学习。

图书在版编目(CIP)数据

林业财务会计/叶超飞,彭东生主编. —北京:中国林业出版社,2011.11
(2023.8重印)

　ISBN 978-7-5038-6399-8

　Ⅰ. ①林… Ⅱ. ①叶… ②彭… Ⅲ. ①林业 – 财务会计
Ⅳ. ①F307.226

中国版本图书馆 CIP 数据核字(2011)第 238239 号

中国林业出版社·教材出版中心

责任编辑	肖基浒	
电　话	(010) 83143555　　**传　真** (010) 83143516	
出版发行	中国林业出版社(100009 北京西城区德内大街刘海胡同7号)	
	E - mail: jiaocaipublic@163.com　电　话:(010) 83143500	
	http://www.forestry.gov.cn/lycb.html	
经　销	新华书店	
印　刷	三河市祥达印刷包装有限公司	
版　次	2011年11月第1版	
印　次	2023年8月第4次印刷	
开　本	32开	
印　张	7.75	
字　数	201千字	
定　价	30.00元	

未经许可,不得以任何方式复制或抄袭本书之部分或全部内容。

版权所有　侵权必究

全国高职高专"十二五"规划教材

《林业财务会计》编写人员

主　编：叶超飞　彭东生
副主编：李铁峰　袁红萍　王婷婷
参　编：黄　辉　涂瑛辉　彭　英　蔡　悦

前言

森林资源是保障国民经济持续发展的重要物质资源,是人类生存的必要生态资源。森林资源资产是以森林资源为物质内涵的资产,是一种具有再生能力的自然资源资产,是自然资源资产的主要组成部分。营林企业会计核算是对营林企业生产经营过程发生的经济业务进行反映和监督的重要手段,是确认、计量、报告生物资产(森林资源资产)价值的重要方法。

本书在编写过程中,特别关注国家林业产业发展政策对营林企业会计核算的影响,在研究营林企业生产经营过程特点及经济业务特点的基础上,按照《企业会计准则》(2006)和财政部会计司最新发布的《企业会计准则讲解》(2010)的有关规定,参考《农业企业会计核算办法》(2004),吸收国内学者和会计专家研究成果,重点讲解营林企业生产成本的核算,以区别于财务会计的内容,体现本教材的科学性、实用性、先进性。在编写本书时,我们以营林企业作为会计核算主体,按照《企业会计准则》(2006)及其指南的要求,对林业专项基金等项目的会计核算科目和核算方法做了修订,摆脱了林业专项基金依据预算会计有关制度规定进行会计核算却不能很好体现企业盈利性缺陷。

本书的编写旨在为高等职业院校培养会计专业、林业资产评估与管理专业、林业经济管理专业等高端技能型人才提供一本实用性的教材或参考书，也为广大工作在营林企业会计战线的同行们提供可供林业会计实务操作的参考资料，还可以作为农业企业会计核算的参考资料。本书由江西环境工程职业学院商学院会计教研室叶超飞教授、彭东生注册会计师（高级会计师）任主编，李铁峰、袁红萍、王婷婷任副主编，黄辉、涂瑛辉、彭英、蔡悦等同志参编。

本书在编写过程中得到了江西省林业厅计划财务处、发展改革处，许多县市林业部门的领导、专家、基层财务工作的指导和帮助，在此表示感谢！这里要特别感谢的是中国林业出版社的大力支持和帮助！

由于时间仓促，编者水平有限，疏漏之处在所难免，欢迎指正，以便再版时修订和补充。

编　者

2011 年 10 月

目 录

前 言

第一章 营林企业生产过程和会计核算概述 …(1)
第一节 种苗生产过程……………………………(1)
一、苗圃的建设与耕作……………………………(1)
二、林木种子生产…………………………………(2)
三、播种育苗………………………………………(2)
四、营养苗繁殖……………………………………(2)
五、苗期管理………………………………………(3)
第二节 林木培育过程……………………………(3)
第三节 森林资源管理与保护……………………(4)
一、森林资源管理…………………………………(4)
二、森林资源保护…………………………………(5)
第四节 营林企业会计核算概述…………………(6)
一、营林企业会计核算对象………………………(6)
二、会计主体………………………………………(7)
三、会计要素………………………………………(7)
四、会计科目………………………………………(10)

第二章 生物资产核算……………………………(16)
第一节 生物资产概述……………………………(16)

一、生物资产的特征 …………………………………………… (16)
　　二、生物资产的分类 …………………………………………… (18)
第二节　生物资产的初始计量 ………………………………………… (20)
　　一、外购的生物资产 …………………………………………… (20)
　　二、自行繁殖、营造的生物资产 ……………………………… (21)
　　三、天然起源的生物资产 ……………………………………… (25)
　　四、生物资产相关的后续支出 ………………………………… (26)
第三节　生物资产的后续计量 ………………………………………… (28)
　　一、采用成本模式计量生物资产 ……………………………… (28)
　　二、采用公允价值模式计量生物资产 ………………………… (34)
第四节　生物资产的收获与处置 ……………………………………… (35)
　　一、生物资产的收获 …………………………………………… (35)
　　二、生物资产的处置 …………………………………………… (41)
第五节　林木资产核算 ………………………………………………… (46)
　　一、林木资产的概念和分类 …………………………………… (46)
　　二、会计科目的设置 …………………………………………… (46)
　　三、林木资产增加的核算 ……………………………………… (48)
　　四、林木资产减少的核算 ……………………………………… (57)
　　五、林木管护费用的核算 ……………………………………… (63)
　　六、林木资产跌价、减值准备的核算 ………………………… (64)

第三章　林业专项资金的核算 …………………………………… (70)

第一节　林业专项资金概述 …………………………………………… (70)
　　一、林业专项资金的概念 ……………………………………… (70)
　　二、林业专项资金的内容 ……………………………………… (70)
第二节　育林基金的核算 ……………………………………………… (71)
　　一、育林基金的概念 …………………………………………… (71)
　　二、育林基金管理办法主要内容 ……………………………… (71)
　　三、育林基金会计核算 ………………………………………… (73)
第三节　林业重点生态工程建设资金的核算 ………………………… (79)
　　一、林业重点生态工程建设资金概述 ………………………… (79)
　　二、天然林资源保护工程财政资金的核算 …………………… (88)

三、其他林业重点建设资金的核算 …………………………（92）
第四节　国家农业综合开发林业项目资金的核算 ………（92）
　　一、国家综合农业开发林业项目资金概述 …………………（92）
　　二、国家综合农业开发林业项目资金的会计核算 …………（94）
　　三、将国家综合农业开发林业项目等资金的核算纳入
　　　　营林企业会计核算体系 …………………………………（99）
第五节　林业贷款贴息资金的核算…………………………（100）
　　一、林业贴息贷款概述 ………………………………………（100）
　　二、林业贴息贷款的会计核算 ………………………………（104）
第六节　国有贫困林场扶贫资金……………………………（105）
　　一、国有贫困林场扶贫资金的概念 …………………………（105）
　　二、国有贫困林场扶贫资金的相关政策 ……………………（105）
　　三、国有贫困林场扶贫资金的核算 …………………………（107）

第四章　林业生产成本核算……………………………（110）

第一节　林业生产成本核算概述……………………………（110）
　　一、成本核算对象 ……………………………………………（110）
　　二、成本计算期 ………………………………………………（111）
　　三、成本项目 …………………………………………………（111）
第二节　种苗生产成本核算…………………………………（112）
　　一、林木种子生产成本核算 …………………………………（112）
　　二、苗木生产成本核算 ………………………………………（118）
第三节　营林生产成本核算…………………………………（122）
　　一、营林生产成本核算概述 …………………………………（122）
　　二、营林生产成本核算 ………………………………………（125）
　　三、营林生产成本核算举例 …………………………………（126）
　　四、森林管护费用核算举例 …………………………………（130）
第四节　原木生产成本核算…………………………………（132）
　　一、原木生产成本核算特点 …………………………………（132）
　　二、原木生产成本核算对象和成本计算方法 ………………（132）
　　三、原木生产的成本项目 ……………………………………（133）
　　四、原木生产费用的归集和分配 ……………………………（135）

五、木材生产成本核算举例…………………………………（136）
第五章　林副产品采割生产成本核算 ………（148）
　第一节　橡胶生产成本核算……………………………（148）
　　一、割胶生产核算…………………………………………（148）
　　二、制胶生产核算…………………………………………（149）
　　三、停割期间费用的核算…………………………………（149）
　　四、干胶产品成本的计算…………………………………（150）
　　五、其他林木生产成本计算的参考公式…………………（151）
　第二节　松香成本核算…………………………………（151）
　　一、采脂的成本核算………………………………………（151）
　　二、松脂的加工成本核算…………………………………（152）
第六章　经济林采收成本核算 ………………（154）
　第一节　经济林成本核算概述…………………………（154）
　　一、经济林核算的意义……………………………………（154）
　　二、经济林核算的特点……………………………………（154）
　　三、经济林成本核算………………………………………（155）
　第二节　果树产品成本核算……………………………（157）
第七章　公益林管护成本核算 ………………（160）
　第一节　公益林核算的特点……………………………（160）
　　一、公益林的概念和核算意义……………………………（160）
　　二、公益林的经济特性……………………………………（162）
　　三、公益林的计价…………………………………………（162）
　第二节　公益林工程项目的核算………………………（163）
　　一、会计科目………………………………………………（164）
　　二、会计处理………………………………………………（164）
　第三节　公益林会计的核算……………………………（173）
　　一、公益林的会计核算组织形式…………………………（173）
　　二、公益林核算的账户设置和核算方法…………………（173）
第八章　营林企业财务报告 …………………（175）
　第一节　财务会计报告概述……………………………（175）

一、财务会计报告的作用和种类……………………(176)
　　二、财务会计报告的编制要求………………………(178)
第二节　资产负债表……………………………………(179)
　　一、资产负债表的概念………………………………(179)
　　二、资产负债表的结构………………………………(179)
　　三、资产负债表的编制方法…………………………(180)
　　四、资产负债表样式…………………………………(182)
　　五、资产负债表的附表………………………………(184)
第三节　利润表及其附表………………………………(189)
　　一、利润表的概念……………………………………(189)
　　二、利润表的格式及内容……………………………(190)
　　三、利润表的编制方法………………………………(191)
　　四、利润分配表及其编制……………………………(193)
第四节　现金流量表……………………………………(194)
　　一、现金流量表的概念及内容………………………(194)
　　二、现金流量表的编制基础…………………………(196)
　　三、现金流量表的编制方法…………………………(197)
　　四、现金流量表的格式………………………………(204)
第五节　会计报表附注…………………………………(207)
　　一、会计报表附注的意义……………………………(207)
　　二、会计报表附注的内容……………………………(207)
　　三、生物资产和农产品有关信息在会计报表附注中的
　　　　披露…………………………………………………(208)
第六节　营林企业内部会计报表………………………(209)
　　一、营林企业内部会计报表种类……………………(209)
　　二、林木资产增减变动表……………………………(216)
　　三、育林基金收支表…………………………………(218)
　　四、林木资产考核评价表……………………………(234)

参考文献 ……………………………………………(238)

第一章
营林企业生产过程和会计核算概述

营林企业,是以森林资源再生产和扩大再生产为基础,按照经济核算制度、原则组织起来的,从事造林、育林、森林经营管理、保护和利用的林业经济组织;是相对独立的商品生产者和经营者,承担着生态建设和林产品供给的重要任务,满足社会对木材等林产品的多样化需求和改善生态状况、人居环境及保障国土生态安全的需要;是充分发挥森林资源的生态效益、社会效益和经济效益的国民经济生产部门。

营林企业主要的生产有:种苗生产、林木培育、森林经营管理和森林资源保护。本章主要讲述营林企业的一般生产经营过程。

第一节　种苗生产过程

在林业生产过程中,苗木生产是营林企业经营工作的开始。苗木生产主要包括苗圃的建设与耕作、林木种子的生产、播种育苗、营养苗繁殖、组织培养育苗、设施育苗、苗木出圃和化学除苗剂的应用等。

一、苗圃的建设与耕作

苗圃的建设与耕作作业主要包括苗圃地的选择、建立苗圃地的方法、土壤耕作、作业方式、土壤处理、施用基肥和接种工作。

二、林木种子生产

在森林中选择造林树种母树，在种子成熟期进行采种。对于种子母树的选择要符合相关的要求，如选择优势树种的优势木。采种后要及时脱粒和干燥，并进行净种和分级。按科学的方法进行储藏、包装、运输，同时进行种子的品质检验。

三、播种育苗

苗圃地整地后，应按种子的特性及育苗技术的要求及时把种子播种在苗床上。播种前，应该对种子进行精选、消毒，有的树木种子可直接播种在苗床上，有的要催芽后再播。同时在播种后要注意防鸟和防鼠害处理，以保证种子能顺利发芽生长。

不同树木种子的播种时间是不一样的，因此，要选择合适的播种时期。要科学计算播种密度，计算出种子的用量。

播种后，要加强苗圃地的管理，及时揭盖、遮阴、间苗、补苗，做好幼苗移植、中耕补植、灌溉、排水追肥等工作。期间要注意病虫害的防治。若是越冬苗木，要注意苗木的防寒工作。

四、营养苗繁殖

有部分造林树种可以采用营养苗繁殖的方法进行育苗，特别是苗木花卉植物更应该采用这种方法。其主要工艺过程包括插穗的选取和处理。如果采用嫁接方法来繁育、培养苗木，则要求更加严格地对接穗、芽进行选择。

随着科学技术的发展，细胞繁殖技术在当前林业苗木生产中得到了广泛的应用。组织培养育苗成了当前快速培养苗木的重要方法。容器育苗、塑料大棚育苗等设施育苗技术的应用也相当广泛。

五、苗期管理

苗木培育过程中，要加强对苗期的管理，除草、施肥、灌溉及排水等工作也要科学地安排。在苗期管理中应该重点抓好病虫害防治，对化学药剂的选择要严格按照苗木生产的要求进行，除草剂的使用要做到科学化、标准化。

定期做好苗木档案记录。针对不同造林树种及造林作业计划，合理安排苗木的出圃工作，实行标准化的苗木分级管理，选择Ⅰ、Ⅱ级苗出圃造林，最好均为Ⅰ级苗出圃造林，Ⅲ级苗不允许用于造林。

第二节 林木培育过程

按照造林作业的设计要求，不同树种、林种有不同的技术要求，如速生丰产工业原料林中的杨树、桉树，按照适树适地原则，在造林前按作业要求对造林地进行整地，有时还要进行林地清理。根据不同要求和经济投入，整地可分为全面整地和局部整地技术。

植苗造林，成活是关键。为此，要尽可能做到"六随"和"五不离"的要求。"六随"即随起苗、随选苗、随包装、随运输、随假植、随造林；"五不离"即起苗不离水、包装不离水、运输不离水、假植不离水、植苗不离水。

造林施工要依据造林结构进行。不同树种要在整地时按树种合理安排种植密度和配种方式。当前主要以行状、群状配置种植方式为主。从树种配置上有纯林和混交林两种树种配置方式。

造林完工后，就进入幼林抚育阶段。松土除草是幼林抚育阶段的主要工作，在松土的同时清除杂草。松土除草的持续年限应根据造林树种、立地条件、造林密度和经营强度等具体情况而定。一般情况下，从造林后开始，到幼林全部郁闭前为止，需要3~5年时间。每年松土除草次数按以下原则确定：造林当年松土除草2~3次，造林后二、三、四年为每年1~2次，从5年后每年1次。

在幼林郁闭前，有条件的地方要适当灌溉和施肥，以提高造林成活率和生长质量。也是速生丰产、集约经营的重要技术措施之一。

播种造林或植苗造林后，要加强幼林管理。间苗、平茬、除蘖、扶芽、修枝、林地间作、封山育林、预防火灾、病虫害防治、各种自然灾害的防治等幼林抚育措施是保证幼林高质量生长，提早郁闭的重要技术手段和方法。

第三节　森林资源管理与保护

我国在林权制度改革后，对森林资源的管理和保护提出了新的要求和思路。

一、森林资源管理

森林资源管理从广义上来看，除林木资源和林地外，还有环境、森林动物、森林植物、水资源，以及森林环境内的地下矿产等资源的管理。其业务范围不仅包括森林资源数据调查规划设计管理，而且还包括对森林资源经营利用、森林资源培育保护等活动进行决策、组织、调节和监督等工作。

林地管理是做好森林资源管理的主要工作之一。林地调查、林权登记和统计、林地开发利用,改造规划及其管理,林地保护、使用管理,林权流转变更管理及档案管理等是林地管理的主要内容。

更新造林、活立木资源档案、林木采伐管理、非林木资源管理也是森林资源管理的内容,特别是非林木资源的数量分布调查、建档、保护和利用,由于其不同的资源特性,因而对其管理采取的措施、方式各不相同。

二、森林资源保护

森林在其生长发育的漫长过程中,常会遭受到各种自然和人为灾害的威胁,如火、风、霜、雪、水、病虫害以及乱砍滥伐,各种工程建设项目等都会给森林资源带来巨大破坏,造成森林资源的损失。森林资源保护,就是利用法律的、经济的、行政的以及工程技术的手段来预防各种森林自然灾害的侵袭和人为灾害的发生,减少灾害损失,以保证森林资源在广阔复杂的地貌条件下和漫长的生长周期内得到正常生长。

对有代表性的自然生态系统,珍稀濒危野生动植物物种的天然分布区、有特殊意义的自然遗迹等保护对象所在陆地、陆地水体等区域则要建立自然保护区进行保护。

随着林权制度改革的深入开展,林权制度配套改革进一步深化,为更好地保障林农的各种权益,江西省人民政府还专门出台了针对林农的权益保护的激励措施和保护措施。林木采伐证制度、林权交易与流转管理办法、林权抵押融资、森林保险等一系列制度或暂行办法。这对防止各种森林资源灾害发生,减少灾害损失,保障林农权益,恢复森林资源生态系统,向有利于人类生存和生活方向持续稳定发展均有重要意义。

第四节 营林企业会计核算概述

一、营林企业会计核算对象

营林企业会计的对象是指营林企业会计所反映和监督的内容。营林企业的生产经营是建立在资本的基础上的，没有资本，生产经营也就无法进行，因此，营林企业会计反映和监督的内容是企业生产经营资本的投入、使用、回收和增值的不断运动过程。

（一）资本形成

营林企业所需要的全部资本，包括实收资本和资本公积两部分。实收资本是指投资者以现金、非现金资产和外币投入的资本。资本公积主要是指营林企业的资本溢价、国家专项资金转入等组成。

（二）资本投入

营林企业取得资本金后，用它来购置生产经营所需要的各项资产，劳动者借助于劳动手段对森林资源进行采伐、综合开发，以及更新造林和经营管护森林资源。

（三）资本支出

资本投入生产经营过程后，生产出包含新增价值的实物林产品，以及功能性产品或服务，亦即生态效益和社会效益。

（四）资本增值

企业销售林产品取得的销售收入，按规定提取的育林基金，经有关部门批准增加资本公积。在利润分配时按规定比例从净利润中提取的盈余公积，经有关部门批准增加所有者权益。资本（股本）溢价，接受现金捐赠，拨款转入，外币资本折算差额等形成资本公积。

营林企业资本的使用过程，即资本不断改变形态的运动过程，是一种复杂的动态过程，为了便于对各种不同形态的资产进行核算与管理，反映生产过程中劳动的转化和商品价值的形成。一方面要将各类资产按资本的流动性和生产经营过程中的作用，划分为流动资产、固定资产、无形资产、消耗性生物资产、生产性生物资产、公益性生物资产和其他长期资产等类别，完成对各类资产的核算和管理；另一方面要对投入的资本和形成的负债进行核算和管理，正确反映负债的形成和清偿，资本的投入和增值。

二、会计主体

营林企业会计主体主要包括以森林资源资产为生产对象的林场、苗圃和从事林业生产经营的公司制企业。如，国有林场、集体林场、森林苗圃、经济林庄园、农民小型林场等。

本书根据财政部 2006 年颁布的《企业会计准则第 5 号——生物资产》以及财政部会计司颁布的《企业会计准则讲解》（2010）的有关规定，参考《农业企业会计核算办法》（2004）的有关会计核算办法，结合营林企业生产经营特点，重点讲解营林企业的会计核算问题。

三、会计要素

会计要素是根据交易或者事项的经济特征所确定的财务会计对象所进行的基本分类。基本准则规定，会计要素按照其性质分为资产、负债、所有者权益，收入、费用和利润。其中，资产、负债和所有者权益要素侧重于反映企业的财务状况，收入、费用和利润要素侧重于反映企业的经营成果。会计要素的界定和分类可以使财务会计系统更加科学严密，为投资者等财务报告使用者提供更加有用的信息。

（一）资产

资产是指企业过去的交易或者事项形成的、由企业拥有或者控制的、预期会给企业带来经济利益的资源。

营林企业的资产按其流动性分为流动资产、消耗性生物资产（流动资产）、长期投资、固定资产、在建工程、生产性生物资产、公益性生物资产、无形资产和其他长期资产等。

（二）负债

负债是指企业过去的交易或者事项形成的预期会导致经济利益流出企业的现时义务。

营林企业的负债按其流动性分为流动负债和长期负债等。

（三）所有者权益

所有者权益是指企业资产扣除负债后由所有者享有的剩余权益。公司的所有者权益又称为股东权益。所有者权益是所有者对企业资产的剩余索取权，它是企业资产中扣除债权人权益后应由所有者享有的部分，既可反映所有者投入资本的保值增值情况，又体现了保护债权人权益的理念。

所有者权益的来源包括所有者投入的资本、直接计入所有者权益的利得和损失、留存收益等，通常由实收资本（或股本）、资本公积（含资本溢价或股本溢价、其他资本公积）、盈余公积和未分配利润构成，商业银行等金融企业按照规定在税后利润中提取的一般风险准备，也构成所有者权益。

所有者投入的资本是指所有者投入企业的资本部分，它既包括构成企业注册资本或者股本部分的金额，也包括投入资本超过注册资本或者股本部分的金额，即资本溢价或者股本溢价，还包括国家投入营林生产的专项资金，即育林基金、林业重点生态工程建设资金和国家农业综合开发林业项目资金等，这部分投入资本在我国企业会计准则体系中被计入了资本公积，并在资产负债表中的资本公积项目下反映。

直接计入所有者权益的利得和损失，是指不应计入当期损益、会导致所有者权益发生增减变动的、与所有者投入资本或者向所有者分配利润无关的利得或者损失。其中，利得是指由企业非日常活动所形成的、会导致所有者权益增加的、与所有者投入资本无关的经济利益的流入，利得包括直接计入所有者权益的利得和直接计入当期利润的利得。损失是指由企业非日常活动所发生的、会导致所有者权益减少的、与向所有者分配利润无关的经济利益的流出，损失包括直接计入所有者权益的损失和直接计入当期利润的损失。直接计入所有者权益的利得和损失主要包括可供出售金融资产的公允价值变动额、现金流量套期中套期工具公允价值变动额（有效套期部分）等。

留存收益是企业历年实现的净利润留存于企业的部分，主要包括累计计提的盈余公积和未分配利润。

（四）收入

收入是指企业在日常活动中形成的、会导致所有者权益增加的、与所有者投入资本无关的经济利益的总流入。

（五）费用

费用是指企业在日常活动中发生的、会导致所有者权益减少的、与向所有者分配利润无关的经济利益的总流出。

（六）利润

利润是指企业在一定会计期间的经营成果。通常情况下，如果企业实现了利润,表明企业的所有者权益将增加,业绩得到了提升;反之,如果企业发生了亏损(即利润为负数),表明企业的所有者权益将减少,业绩下降。利润是评价企业管理层业绩的指标之一,也是投资者等财务报告使用者进行决策时的重要参考。

利润包括收入减去费用后的净额、直接计入当期利润的利得和损失等。其中收入减去费用后的净额反映企业日常活动的经营业绩,直接计入当期利润的利得和损失反映企业非日常活动取得的业绩。直接计入当期利润的利得和损失,是指应当计入当期损益、最终会引起所有者权益发生增减变动的、与所有者投入资本或者向所有者分配利润无关的利得或者损失。企业应当严格区分收入和利得、费用和损失之间的区别,以更加全面地反映企业的经营业绩成果。

四、会计科目

根据《企业会计准则》(2006)以及财政部颁布的《企业会计准则应用指南——会计科目及主要账务处理》(2011)的规定,结合营林企业会计核算的具体情况,营林企业设置会计科目如表1-1所示。

表 1-1　营林企业会计科目表

序号	科目代码	总账科目	明细科目	项目
1	1001	库存现金		
2	1002	银行存款		
3	1012	其他货币资金		
4	1101	交易性金融资产		
5	1121	应收票据		
6	1122	应收账款		
7	1123	预付账款	预付备料款	
8	1123	预付账款	预付工程款	

(续)

序号	科目代码	总账科目	明细科目	项目
9	1131	应收股利		
10	1132	应收利息		
11	1221	其他应收款		
12	1231	坏账准备		
13	1401	材料采购		
14	1402	在途物资		
15	1403	原材料	地膜等材料	
16	1403	原材料	肥料	
17	1403	原材料	农药	
18	1404	材料成本差异		
19	1405	林产品		
20	1408	委托加工物资		
21	1411	周转材料		
22	1411	周转材料	包装物	
23	1411	周转材料	低值易耗品	林业生产用具
24	1421	消耗性生物资产		
25	1471	存货跌价准备		
26	1501	持有至到期投资		
27	1502	持有到期投资减值准备		
28	1503	可供出售金融资产		
29	1511	长期股权投资		
30	1512	长期股权投资减值准备		
31	1531	长期应收款		
32	1601	固定资产	交通工具	野生动植物保护及自然保护区建设工程支出
33	1601	固定资产	科研设备及仪器	野生动植物保护及自然保护区建设工程支出
34	1602	累计折旧		
35	1603	固定资产减值准备		

(续)

序号	科目代码	总账科目	明细科目	项目
36	1604	在建工程	保护站所建设	野生动植物保护及自然保护区建设工程支出
37	1604	在建工程	防火设备设施	
38	1604	在建工程	防火设施设备	速生丰产用材林基地建设工程支出
39	1604	在建工程	防火设施设备	野生动植物保护及自然保护区建设工程支出
40	1604	在建工程	公安设施设备	野生动植物保护及自然保护区建设工程支出
41	1604	在建工程	监测点建设	野生动植物保护及自然保护区建设工程支出
42	1604	在建工程	建筑安装工程投资	
43	1604	在建工程	其他投资	
44	1604	在建工程	其他营造林工程支出	
45	1604	在建工程	设备投资	
46	1604	在建工程	营林道路	
47	1604	在建工程	种苗设备设施	
48	1605	工程物资		
49	1606	固定资产清理		
50	1621	生产性生物资产		
51	1622	生产性生物资产累计折旧		
52	1623	公益性生物资产		
53	1701	无形资产	科技研发	
54	1702	累计摊销		
55	1703	无形资产减值准备		
56	1711	商誉		
57	1801	长期待摊费用		
58	1811	递延所得税资产		

(续)

序号	科目代码	总账科目	明细科目	项　　目
59	1901	待处理财产损溢		
60	2001	短期借款		
61	2101	交易性金融负债		
62	2201	应付票据		
63	2202	应付账款		
64	2203	预收账款		
65	2211	应付职工薪酬		
66	2221	应交税费		
67	2231	应付利息		
68	2232	应付股利		
69	2241	其他应付款		
70	2501	长期借款		
71	2502	应付债券		
72	2702	未确认融资费用		
73	2711	专项应付款	本年地方配套资金拨款	
74	2711	专项应付款	本年国债专项资金拨款	
75	2711	专项应付款	本年基建基金拨款	
76	2711	专项应付款	本年其他拨款	
77	2711	专项应付款	以前年度拨款	
78	2801	预计负债		
79	2901	递延所得税负债		
80	4001	实收资本		
81	4002	资本公积		
82	4101	盈余公积		
83	4103	本年利润		
84	4104	利润分配		
85	5001	农业生产成本	病虫害防治	京津风沙源治理工程支出

（续）

序号	科目代码	总账科目	明细科目	项　目
86	5001	农业生产成本	病虫害防治	三北防护林建设工程支出
87	5001	农业生产成本	病虫害防治	速生丰产用材林基地建设工程支出
88	5001	农业生产成本	病虫害防治	天然林资源保护工程支出
89	5001	农业生产成本	病虫害防治	退耕还林工程支出
90	5001	农业生产成本	病虫害防治	野生动植物保护及自然保护区建设工程支出
91	5001	农业生产成本	病虫害防治	长江中下游地区等重点防护林工程支出
92	5001	农业生产成本	飞播造林	京津风沙源治理工程支出
93	5001	农业生产成本	飞播造林	三北防护林建设工程支出
94	5001	农业生产成本	飞播造林	天然林资源保护工程支出
95	5001	农业生产成本	飞播造林	长江中下游地区等重点防护林工程支出
96	5001	农业生产成本	封山（沙）育林（草）	京津风沙源治理工程支出
97	5001	农业生产成本	封山（沙）育林（草）	三北防护林建设工程支出
98	5001	农业生产成本	封山（沙）育林（草）	天然林资源保护工程支出
99	5001	农业生产成本	封山（沙）育林（草）	退耕还林工程支出
100	5001	农业生产成本	封山（沙）育林（草）	长江中下游地区等重点防护林工程支出
101	5001	农业生产成本	前期工作费	京津风沙源治理工程支出
102	5001	农业生产成本	前期工作费	退耕还林工程支出
103	5001	农业生产成本	人工促进天然更新	天然林资源保护工程支出
104	5001	农业生产成本	人工造林（种草）	天然林资源保护工程支出
105	5001	农业生产成本	人工造林（种草）	长江中下游地区等重点防护林工程支出
106	5001	农业生产成本	人工造林（种草）	京津风沙源治理工程支出

(续)

序号	科目代码	总账科目	明细科目	项 目
107	5001	农业生产成本	人工造林（种草）	三北防护林建设工程支出
108	5001	农业生产成本	人工造林（种草）	退耕还林工程支出
109	5001	农业生产成本	种苗补助	速生丰产用材林基地建设工程支出
110	5001	农业生产成本	种苗补助	野生动植物保护及自然保护区建设工程支出
111	5001	农业生产成本	种苗设备设施	天然林资源保护工程支出
112	5101	营林费用		
113	5403	机械作业		
114	6001	主营业务收入		
115	6051	其他业务收入		
116	6101	公允价值变动损益		
117	6111	投资收益		
118	6301	营业外收入		
119	6401	主营业务成本		
120	6402	其他业务成本		
121	6403	营业税金及附加		
122	6601	销售费用		
123	6602	管理费用		
124	6603	财务费用		
125	6701	资产减值损失		
126	6711	营业外支出		
127	6801	所得税费用		
128	6901	以前年度损益调整		

第二章 生物资产核算

第一节 生物资产概述

生物资产是指与农业生产相关的有生命的（即活的）动物和植物。生物资产与企业的存货、固定资产等一般资产不同，其具有特殊的自然增值性，因此导致其在会计确认、计量和相关信息披露等方面的特殊性。尤其是对于农业企业而言，生物资产通常是其资产的重要组成部分，对生物资产进行正确的确认、计量和相关信息披露，将有助于如实反映企业的财务状况和经营成果。《企业会计准则第 5 号——生物资产》（以下简称"生物资产准则"）规范了与农业生产相关的生物资产的确认、计量和相关信息的披露。

一、生物资产的特征

1. 生物资产是有生命的动物或植物

有生命的动物和植物具有能够进行生物转化的能力。生物转化，指导致生物资产质量或数量发生变化的生长、蜕化、生产和繁殖的过程。其中，生长是指动物或植物体积、重量的增加或者质量的提高，例如农作物从种植开始到收获前的过程；蜕化是指动物或植物产出量的减少或质量的退化，例如奶牛产奶能力的不断下降；生产是指动物或植物本身产出农产品，例如蛋鸡产蛋、奶牛产奶、果树产水果等；繁殖是指产生新的动物或植物，例如奶牛产牛犊、母猪生小猪等。

这种生物转化能力是其他资产（如存货、固定资产、无形资产等）所不具有的，也正是生物资产的特性。因此，生物资产的形态、价值以及产生经济利益的方式，都会随着自身的出生、成长、衰老、死亡等自然规律和生产经营活动不断变化，尽管其在所处生命周期中的不同阶段而具有类似于不同资产类别（存货或固定资产）的特点。但是其会计处理与存货、固定资产等常规资产有所不同，因此有必要对生物资产的确认、计量和披露等会计处理进行单独规范，以更准确地反映企业的生物资产信息。

将生物资产定义为"有生命的动物和植物"，意味着一旦原有动植物停止其生命活动就不再是"生物资产"。这一界定对生物资产和农产品进行了本质的区分。农产品与生物资产密不可分，当其附着在生物资产上时，作为生物资产的一部分，不需要单独进行会计处理，而当其从生物资产上收获时开始，离开生物资产这一母体，一般具有鲜活、易腐的特点，因此应该区别于工业企业一般意义上的产品单独核算。基于此，"生物资产准则"对收获时点的农产品的会计处理进行了规范，即应该采用规定的方法，从消耗性生物资产或生产性生物资产生产成本中转出，确认为收获时点的农产品的成本；而收获时点之后的农产品的会计处理，应当适用《企业会计准则第1号——存货》。

2. 生物资产与农业生产密切相关

"生物资产准则"所称"农业"是广义的范畴，包括种植业、畜牧养殖业、林业和水产业等行业。企业从事农业生产就是要增强生物转化能力，最终获得更多的符合市场需要的农产品。例如，种植业作物的生长和收获而获得稻谷、小麦等农产品的活动过程；

畜牧养殖业试验和收获而获得仔猪、肉猪、鸡蛋、牛奶等畜产品的活动过程；林业中用材林的生产和管理获得林产品、经济林木的生产和管理获得水果等的活动过程；水产业中的养殖获得水产品等活动过程，都属于将生物资产转化为农产品的活动。

农业生产与收获时点的农产品密切相关，但必须与对收获后的农产品进行加工的活动（以下简称"加工活动"严格区分。农业生产活动针对的是有生命的生物资产，而加工活动针对的是收获后的农产品，例如，将绵羊产出的羊毛加工成毛毯、将收获的甘蔗加工成蔗糖、将奶牛产出的牛奶加工成奶酪、将从果树采摘的水果加工成水果罐头、将用材林采伐下的原木用于盖厂房等。因此，加工活动并不包含在"生物资产准则"所指的农业生产范畴之内。

二、生物资产的分类

根据"生物资产准则"规定，生物资产通常分为消耗性生物资产、生产性生物资产和公益性生物资产三大类。

1. 消耗性生物资产

消耗性生物资产，是指为出售而持有的、或在将来收获为农产品的生物资产。消耗性生物资产是劳动对象，包括生长中的大田作物、蔬菜、用材林以及存栏待售的牲畜等。消耗性生物资产通常是一次性消耗并终止其服务能力或未来经济利益，因此在一定程度上具有存货的特征，应当作为存货在资产负债表中列报。

2. 生产性生物资产

生产性生物资产，是指为产出农产品、提供劳务或出租等目的而持有的生物资产。生产性生物资产具备自我生长性，能够在持续的基础上予以消耗并在未来的一段时间内保持其服务能力或未来经济利益，属于劳动手段，包括经济林、薪炭林、产畜和役畜等。

与消耗性生物资产相比较,生产性生物资产的最大不同在于,生产性生物资产具有能够在生产经营中长期、反复使用,从而不断产出农产品或者是长期役用的特征。消耗性生物资产收获农产品之后,该资产就不复存在;而生产性生物资产产出农产品之后,该资产仍然保留,并可以在未来期间继续产出农产品。因此,通常认为生产性生物资产在一定程度上具有固定资产的特征,例如,果树每年产出水果、奶牛每年产奶等。

一般而言,生产性生物资产通常需要生长到一定阶段才开始具备生产的能力。根据其是否具备生产能力(即是否达到预定生产经营目的),可以对生产性生物资产进行进一步的划分。所谓达到预定生产经营目的,是指生产性生物资产进入正常生产期,可以多年连续稳定产出农产品、提供劳务或出租。由此,生产性生物资产可以划分为未成熟和成熟两类,前者指尚未达到预定生产经营目的、还不能够多年连续稳定产出农产品、提供劳务或出租的生产性生物资产,例如,尚未开始挂果的果树、尚未开始产奶的奶牛等,后者则指已经达到预定生产经营目的的生产性生物资产。

3. 公益性生物资产

公益性生物资产,是指以防护、环境保护为主要目的的生物资产,包括防风固沙林、水土保持林和水源涵养林等。

公益性生物资产与消耗性生物资产和生产性生物资产有本质不同。后两者的目的是为了直接给企业带来经济利益,而公益性生物资产主要是出于防护、环境保护等目的,尽管其不能直接给企业带来经济利益,但具有服务潜能,有助于企业从相关资产获得经济利益,如防风固沙林和水土保持林能带来防风固沙、保持水土的效能,风景林具有美化环境、休息游览的效能等,因此应当确认为生物资产,并且应当单独核算。

本章着重讲解了生物资产的确认和初始计量、后续计量以及收获和处置的会计处理问题。

第二节　生物资产的初始计量

"生物资产准则"规定,生物资产应当按照成本进行初始计量。

一、外购的生物资产

无论是消耗性生物资产、生产性生物资产还是公益性生物资产,外购的生物资产的成本包括购买价款、相关税费、运输费、保险费以及可直接归属于购买该资产的其他支出。其中,可直接归属于购买该资产的其他支出包括场地整理费、装卸费、栽植费、专业人员服务费等。

企业外购的生物资产,按应计入生物资产成本的金额,借记"消耗性生物资产"、"生产性生物资产"或"公益性生物资产"科目,贷记"银行存款"、"应付账款"、"应付票据"等科目。

企业一笔款项一次性购入多项生物资产时,购买过程中发生的相关税费、运输费、保险费等可直接归属于购买该资产的其他支出,应当按照各项生物资产的价款比例进行分配,分别确定各项生物资产的成本。

【例2.1】2007年2月,甲农业企业从市场上一次性购买了6头种牛、15头种猪和600头猪苗,单价分别为4 000元、1 400元和250元,支付的价款共计195 000元,此外,发生的运输费为4 500元,保险费为3 000元,装卸费为2 250元,款项全部以银行存款支付。有关计算如下:

(1) 确定应分摊的运输费、保险费和装卸费

分摊比例 = (4 500 + 3 000 + 2 250) ÷ 195 000 = 5%

因此,6头种牛应分摊:6 × 4 000 × 5% = 1 200 (元)

15 头种猪应分摊：15×1 400×5% = 1 050（元）
600 头猪苗应分摊：600×250×5% = 7 500（元）
（2）确定种牛、种猪和猪苗的入账价值
6 头种牛的入账价值：6×4 000 + 1 200 = 25 200（元）
15 头种猪的入账价值：15×1 400 + 1 050 = 22 050（元）
600 头猪苗的入账价值：600×250 + 7 500 = 157 500（元）
甲农业企业的账务处理如下：
借：生产性生物资产——种牛　　　　　　　25 200
　　　　　　　　　　——种猪　　　　　　　22 050
　　消耗性生物资产——猪苗　　　　　　　157 500
　　贷：银行存款　　　　　　　　　　　　204 750

二、自行繁殖、营造的生物资产

企业自行营造的生物资产，应当按照不同的种类核算，分别按照消耗性生物资产、生产性生物资产和公益性生物资产确定其取得的成本，并分别借记"消耗性生物资产""生产性生物资产"或"公益性生物资产"科目，贷记"银行存款"等科目。

（一）自行繁殖、营造的消耗性生物资产

对自行繁殖、营造的消耗性生物资产而言，其成本确定的一般原则是按照自行繁殖或营造（即培育）过程中发生的必要支出确定，既包括直接材料、直接人工、其他直接费，也包括应分摊的间接费用。

1. 不同种类消耗性生物资产的成本构成

① 自行栽培的大田作物和蔬菜的成本，包括在收获前耗用的种子、肥料、农药等材料费、人工费和应分摊的间接费用等必要支出。

② 自行营造的林木类消耗性生物资产的成本,包括郁闭前发生的造林费、抚育费、营林设施费、良种试验费、调查设计费和应分摊的间接费用等必要支出。

③ 自行繁殖的育肥畜的成本,包括出售前发生的饲料费、人工费和应分摊的间接费用等必要支出。

④ 水产养殖的动物和植物的成本,包括在出售或入库前耗用的苗种、饲料、肥料等材料费、人工费和应分摊的间接费用等必要支出。

【例2.2】甲企业2007年3月使用一台拖拉机翻耕土地100hm^{2}用于小麦和玉米的种植,其中60hm^{2}种植玉米、40hm^{2}种植小麦。该拖拉机原值为60 300元,预计净残值为300元,按照工作量法计提折旧,预计可以翻耕土地6 000hm^2。有关计算如下:

应当计提的拖拉机折旧 = (60 300 − 300) ÷ 6 000 × 100 = 1 000(元)

玉米应当分配的机械作业费 = 1 000 ÷ (60 + 40) × 60 = 600(元)

小麦应当分配的机械作业费 = 1 000 ÷ (60 + 40) × 40 = 400(元)

甲公司的账务处理如下:
借:消耗性生物资产——玉米　　　　　　　　　600
　　　　　　　　　　——小麦　　　　　　　　　400
　贷:累计折旧　　　　　　　　　　　　　　　1 000

2. 林木类消耗性生物资产成本确定的特殊问题

(1) 郁闭及郁闭度的概念

郁闭是林木类消耗性生物资产成本确定中的一个重要界限。郁闭为林学概念,通常是指一块林地上的林木的树干、树冠生长达到一定标准,林木成活率和保持率达到一定的技术规程要求。郁闭通常指林木类消耗性资产的郁闭度达 0.20 以上（含 0.20）。

郁闭度是指森林中乔木树冠遮蔽地面的程度,它是反映林分密度的指标,以林地树冠垂直投影面积与林地面积之比表示,以十分数表示,完全覆盖地面为 1。根据联合国粮农组织规定,郁闭度达 0.20 以上（含 0.20）的为郁闭林 [其中一般以 0.20 ~ 0.70（不含 0.70）为中度郁闭,0.70 以上（含 0.70）为密郁闭；0.20 以下（不含 0.20）的为疏林（即未郁闭林）。

不同林种、不同林分等对郁闭度指标的要求有所不同,比如,生产纤维原料的工业原材料林一般要求郁闭度相对较高；而以培育珍贵大径材为主要目标的林木要求郁闭度相对较低。企业应当结合历史经验数据和自身实际情况,确定林木类消耗性生物资产的郁闭度及是否达到郁闭。各类林木类消耗性生物资产的郁闭度一经确定,不得随意变更。

（2）林木类消耗性生物资产郁闭前的相关支出应予资本化,郁闭后的相关支出计入当期费用

郁闭是判断消耗性生物资产相关支出（包括借款费用）资本化或者是费用化的时点。郁闭之前的林木类消耗性生物资产处在培植阶段,需要发生较多的造林费、抚育费、营林设施费、良种试验费、调查设计费相关支出,这些支出应予以资本化计入成本；郁闭之后的林木类消耗性生物资产进入稳定的生长期,基本上可以比较稳定地成活,主要依靠林木本身的自然生长,一般只需要发生较少的管护费用,从重要性和谨慎性考虑应当计入当期费用。

（二）自行繁殖、营造的生产性生物资产

对自行繁殖、营造的生产性生物资产而言,如企业自己繁育的奶牛、种猪,自行营造的橡胶树、果树、茶树等,其成本确定的一般原则是按照其达到预定生产经营目的前发生的必要支出确

定，包括直接材料、直接人工、其他直接费和应分摊的间接费用。自行营造的林木类生产性生物资产的成本，包括达到预定生产经营目的前发生的造林费、抚育费、营林设施费、良种试验费、调查设计费和应分摊的间接费用等必要支出；自行繁殖的产畜和役畜的成本，包括达到预定生产经营目的（成龄）前发生的饲料费、人工费和应分摊的间接费用等必要支出。达到预定生产经营目的是区分生产性生物资产成熟和未成熟的分界点，同时也是判断其相关费用停止资本化的时点，是区分其是否具备生产能力，从而是否计提折旧的分界点，企业应当根据具体情况结合正常生产期的确定，对生产性生物资产是否达到预定生产经营目的进行判断。例如，一般就海南橡胶园而言，同林段内离地100cm处、树围50cm以上的芽接胶树，占林段总株数的50%以上时，该橡胶园就属于进入正常生产期，即达到预定生产经营目的。

生产性生物资产在达到预定生产经营目的之前发生的必要支出在"生产性生物资产——未成熟生产性生物资产"科目归集，未成熟生产性生物资产达到预定生产经营目的时，按其账面余额，借记"生产性生物资产——成熟生产性生物资产"科目，贷记"生产性生物资产——未成熟生产性生物资产"科目，未成熟生产性生物资产已计提减值准备的，还应同时结转已计提的减值准备。

【例2.3】甲企业自2000年开始自行营造100hm²橡胶树，当年发生种苗费189 000元，平整土地和定植所需的机械作业费55 500元，定植当年抚育发生肥料及农药费250 500元、人员工资等450 000元。该橡胶树达到正常生产期为6年，从定植后至2006年共发生管护费用2 415 000元，以银行存款支付。甲企业的账务处理如下：

借：生产性生物资产——未成熟生产性生物资产（橡胶树） 945 000

  贷：原材料——种苗   189 000
     ——肥料及农药   250 500
   应付职工薪酬   450 000
   累计折旧   55 500
 借：生产性生物资产——未成熟生产性生物资产（橡胶树）   2 415 000
  贷：银行存款   2 415 000
 因此，该 100hm² 橡胶树的成本为：
 189 000 + 55 500 + 250 500 + 450 000 + 2 415 000 = 3 360 000（元）
 借：生产性生物资产——成熟生产性生物资产（橡胶树）   3 360 000
  贷：生产性生物资产——未成熟生产性生物资产（橡胶树）   3 360 000

  生产性生物资产在达到预定生产经营目的之前，其用途一般是已经确定的，如尚未开始挂果的果树、未开始产奶的奶牛等；但是，如果其未来用途不确定，应当作为消耗性生物资产核算和管理，待确定用途后，再按照用途转换进行处理。

  （三）自行营造的公益性生物资产

  对自行营造的公益性生物资产而言，其成本确定的一般原则是按照郁闭前发生的造林费、抚育费、森林保护费、营林设施费、良种试验费、调查设计费和应分摊的间接费用等必要支出确定。

三、天然起源的生物资产

  天然林等天然起源的生物资产，仅在企业有确凿证据表明能够拥有或者控制该生物资产时,才能予以确认。

天然起源的生物资产的公允价值无法可靠地取得,应按名义金额确定生物资产的成本,同时计入当期损益,名义金额为1元人民币,即借记"消耗性生物资产""生产性生物资产"或"公益性生物资产"科目,贷记"营业外收入"科目。

四、生物资产相关的后续支出

（一）生物资产郁闭或达到预定生产经营目的后的管护费用

生物资产在郁闭或达到预定生产经营目的之前,经过培植或饲养,其价值能够继续增加,因此饲养、管护费用应资本化计入生物资产成本;而生物资产在郁闭或达到预定生产经营目的后,为了维护或提高其使用效能,需要对其进行管护、饲养等,但此时的生物资产能够产出农产品,带来现实的经济利益,因此所发生的这类后续支出应当予以费用化,计入当期损益。借记"管理费用"科目,贷记"银行存款"等科目。

管护费用是指为了维持郁闭后的消耗性林木资产或公益性生物资产的正常存在或为了维持已经达到预定生产经营目的的成熟生产性生物资产进行正常生产而发生的有关费用,例如,为果树修枝发生的费用、为果树灭虫发生的人工和药物费用、对产奶奶牛的饲养管理费用等。

（二）林木类生物资产补植

在林木类生物资产的生长过程中,为了使其更好地生长,往往需要进行择伐、间伐或抚育更新性质采伐（这些采伐并不影响林木的郁闭状态）,并且在采伐之后进行相应的补植。上述情况下发生的后续支出,应当予以资本化,计入林木类生物资产的成本。借记"消耗性生物资产""生产性生物资产"或"公益性生物资产"科目,贷记"库存现金""银行存款""其他应付款"

等科目。

【例 2.4】 2007 年 5 月，甲林业有限责任公司对乙林班用材林择伐迹地进行更新造林，应支付临时人员工资 15 000 元，领用材料 20 000 元。甲企业的账务处理如下：

  借：消耗性生物资产——用材林   35 000
    贷：应付职工薪酬   15 000
      原材料   20 000

【例 2.5】 甲林业有限责任公司下属的乙林班统一组织培植管护一片森林，2007 年 3 月，发生森林管护费用共计 40 000 元，其中人员工资 20 000 元，尚未支付；使用库存肥料 16 000 元；管护设备折旧 4 000 元。管护总面积为 5 000 hm^2，其中作为用材林的杨树林共计 4 000 hm^2，已郁闭的占 75%，其余的尚未郁闭；作为水土保持林的马尾松共计 1 000 hm^2，全部已郁闭。假定管护费用按照森林面积比例进行分配。有关计算如下：

未郁闭杨树林应分配共同费用的比例 = 4 000 × (1 − 75%) ÷ 5 000 = 0.2

已郁闭杨树林成应分配共同费用的比例 = 4 000 × 75% ÷ 5 000 = 0.6

已郁闭马尾松应分配共同费用的比例 = 1 000 ÷ 5 000 = 0.2

未郁闭杨树林应分配的共同费用 = 40 000 × 0.2 = 8 000（元）

已郁闭杨树林成应分配的共同费用 = 40 000 × 0.6 = 24 000（元）

已郁闭马尾松应分配的共同费用 = 40 000 × 0.2 = 8 000（元）

甲公司的账务处理如下：

借：消耗性生物资产——用材林（杨树）	8 000
管理费用	32 000
贷：应付职工薪酬	20 000
原材料	16 000
累计折旧	4 000

第三节　生物资产的后续计量

一、采用成本模式计量生物资产

在我国，处于不同生长阶段的各类生物资产的公允价值一般难以取得，因此，"生物资产准则"规定通常应当采用历史成本对生物资产进行后续计量，但有确凿证据表明其公允价值能够持续可靠取得的除外。

生物资产采用历史成本进行计量的情况下，消耗性生物资产按成本减累计跌价准备计量；未成熟的生产性生物资产按成本减累计减值准备计量，成熟的生产性生物资产按成本减累计折旧及累计减值准备计量；公益性生物资产按成本计量。

（一）成熟的生产性生物资产折旧的计提

成熟的生产性生物资产进入正常生产期，可以多年连续稳定产出农产品、提供劳务或出租。因此，应当按期计提折旧，以与其给企业带来的经济利益流入相配比。例如，已经开始挂果的苹果树的折旧额与从苹果树上采摘的苹果取得的收入相配比，役牛每期的折旧额与其犁地为企业带来的经济利益流入相配比等。

生产性生物资产的折旧，是指在生产性生物资产的使用寿命内，按照确定的方法对应计折旧额进行系统分摊。其中，应计折旧额是指应当计提折旧的生产性生物资产的原价扣除预计净残值后的余额；如果已经计提减值准备，还应当扣除已计提的生产性生物资产减值准备累计金额。预计净残值是指预计生产性生物资产使用寿命结束时，在处置过程中所发生的处置收入扣除处置费用后的余额。

1. 需要计提折旧的生产性生物资产的范围

当期增加的成熟生产性生物资产应当计提折旧，一旦提足折旧，不论能否继续使用，均不再计提折旧。需要注意的是，以融资租赁租入的生产性生物资产和以经营租赁方式租出的生产性生物资产，应当计提折旧；以融资租赁租出的生产性生物资产和以经营租赁方式租入的生产性生物资产，不应计提折旧。

2. 预计生产性生物资产的使用寿命

企业确定生产性生物资产的使用寿命，应当考虑下列因素：①该资产的预计产出能力或实物产量；②该资产的预计有形损耗，如产畜和役畜衰老、经济林老化等；③该资产的预计无形损耗，如因新品种的出现而使现有的生产性生物资产的产出能力和产出农产品的质量等方面相对下降、市场需求的变化使生产性生物资产产出的农产品相对过时等。

在实务中，企业应在考虑这些因素的基础上，结合不同生产性生物资产的具体情况做出判断，例如，在考虑林木类生产性生物资产的使用寿命时，可以考虑诸如温度、湿度和降水量等生物特征、灌溉特征、嫁接和修剪程序、植物的种类和分类、植物的株间距、所使用初生主根的类型、采摘或收割的方法、所生产产品的预计市场需求等。在相同的环境下，同样的生产性生物资产的预计使用寿命应该基本相同。

3. 生产性生物资产的折旧方法

"生物资产准则"规定了企业可选用的折旧方法包括年限平均法、工作量法、产量法等。在具体运用时，企业应当根据生产性生物资产的具体情况,合理选择相应的折旧方法。

4. 合理确定生产性生物资产的使用寿命、预计净残值和折旧方法

企业应当结合本企业的具体情况,根据生产性生物资产的类别,制定适合本企业的生产性生物资产目录、分类方法。对于达到预定经营目的的生产性生物资产,还应根据生产性生物资产的性质、使用情况和有关经济利益的预期实现方式,合理确定生产性生物资产的使用寿命、预计净残值和折旧方法,作为进行生产性生物资产核算的依据。

企业制定的生产性生物资产目录、分类方法、预计使用寿命、预计净残值、折旧方法等,应当编制成册,并按照管理权限,经股东大会或董事会,或经理(场长)会议或类似机构批准,按照法律、行政法规的规定报送有关各方备案,同时备置于企业所在地,以供投资者等有关各方查阅。企业已经确定并对外报送,或备置于企业所在地的有关生产性生物资产目录、分类方法、预计净残值、预计使用寿命、折旧方法等,一经确定不得随意变更,如需变更,应仍然按照上述程序,经批准后报送有关各方备案,并在报表附注中予以说明。

此外,"生物资产准则"规定,企业至少应当于每年年度终了对生产性生物资产的使用寿命、预计净残值和折旧方法进行复核。如果生产性生物资产的使用寿命或预计净残值的预期数与原先估计数有差异的,或者有关经济利益预期实现方式有重大改变的,企业应当作为会计估计变更,按照《企业会计准则第28号——会计政策、会计估计变更和差错更正》的规定进行会计处理,调整生产性生物资产的使用寿命或预计净残值或者改变折旧方法。

5. 生产性生物资产计提折旧的账务处理

企业应当按期对达到预定生产经营目的的生产性生物资产计提折旧,并根据受益对象分别计入将收获的农产品成本、劳务成本、出租费用等。对成熟生产性生物资产按期计提折旧时,借记

"生产成本""管理费用"等科目，贷记"生产性生物资产累计折旧"科目。

（二）生物资产减值

"生物资产准则"规定，企业至少应当于每年年度终了对消耗性生物资产和生产性生物资产进行检查，有确凿证据表明上述生物资产发生减值的，应当计提生物资产跌价准备或减值准备。企业首先应当注意消耗性生物资产和生产性生物资产是否有发生减值的迹象，在此基础上计算确定消耗性生物资产的可变现净值或生产性生物资产的可收回金额。

1. 判断消耗性生物资产和生产性生物资产减值的主要迹象

"生物资产准则"对消耗性生物资产和生产性生物资产的减值采取了易于判断的方式，即企业至少应当于每年年度终了对消耗性生物资产和生产性生物资产进行检查，有确凿证据表明由于遭受自然灾害、病虫害、动物疫病侵袭或市场需求变化等原因的情况下，上述生物资产才可能存在减值迹象。具体来说，消耗性生物资产和生产性生物资产存在下列情形之一的，通常表明可变现净值或可收回金额低于账面价值：

① 因遭受火灾、旱灾、水灾、冻灾、台风、冰雹等自然灾害，造成消耗性生物资产或生产性生物资产发生实体损坏，影响该资产的进一步生长或生产，从而降低其产生经济利益的能力。

② 因遭受病虫害或者疯牛病、禽流感、口蹄疫等动物疫病侵袭，造成消耗性生物资产或生产性生物资产的市场价格大幅度持续下跌，并且在可预见的未来无回升的希望。

③ 因消费者偏好改变而使企业的消耗性生物资产或生产性生物资产收获的农产品的市场需求发生变化，导致市场价格逐渐下跌。与工业产品不同，一般情况下技术进步不会对生物资产的价值产生明显的影响。

④ 因企业所处经营环境，如动植物检验检疫标准等发生重

大变化，从而对企业产生不利影响，导致消耗性生物资产或生产性生物资产的市场价格逐渐下跌。

⑤ 其他足以证明消耗性生物资产或生产性生物资产实质上已经发生减值的情形。

2. 计提减值准备

消耗性生物资产的可变现净值或生产性生物资产的可收回金额低于其成本或账面价值时，企业应当按照可变现净值或可收回金额低于账面价值的差额，计提生物资产跌价准备或减值准备，借记"资产减值损失"科目，贷记"存货跌价准备——消耗性生物资产"或"生产性生物资产减值准备"科目。

消耗性生物资产的可变现净值是指在日常活动中，消耗性生物资产的估计售价减去至出售时估计将要发生的成本、估计的销售费用以及相关税费后的金额，其确定应当遵循《企业会计准则第1号——存货》。生产性生物资产的可收回金额根据其公允价值减去处置费用后的净额与资产预计未来现金流量的现值两者之间较高者确定，应当遵循《企业会计准则第8号——资产减值》。

【例2.6】甲农业企业种植玉米 $150hm^2$，已发生成本 330 000 元。2007 年 7 月遭受冰雹，致使玉米严重受灾，期末玉米的可变现净值估计为 300 000 元。甲企业的账务处理如下：

借：资产减值损失——消耗性生物资产（玉米）
               30 000
 贷：存货跌价准备——消耗性生物资产（玉米）
               30 000

【例2.7】2007 年 8 月，甲企业的橡胶园曾遭受过一次台风袭击，12 月 31 日甲企业对橡胶园进行检查时认为可能发生减值。该橡胶园公允价值减去处置费用后的净额为 1 200 000 元，尚可使用 5 年，预计在未来 5 年内产生的现金净流量分别为 400 000 元、360 000 元、320 000 元、250 000 元、200 000 元（其中 2012 年的现金流量已经考虑使用寿命结束时进行处置的现金净流量）。在考虑有关风险的基础上，甲企业决定采用 5% 的折现。该橡胶园 2007 年 12 月 31 日的账面价值为 500 000 元，以前年度没有计提减值准备。有关计算过程见表 2-1。

表 2-1 甲企业生物资产未来现金流量现值计算表

年度	预计未来现金流量（元）	折现率（%）	折现系数	现值（元）
2008 年	400 000	5	0.952 4	380 960
2009 年	360 000	5	0.907 0	326 520
2010 年	320 000	5	0.863 8	276 416
2011 年	250 000	5	0.822 7	205 675
2012 年	200 000	5	0.783 5	156 700
合计				1 346 271

未来现金流量现值 1 346 271 元 > 销售净价 1 200 000 元，因此该橡胶园的可收回金额为 1 346 271 元，应计提的减值准备 = 1 500 000 - 1 345 271 = 153 729（元）。甲企业的账务处理如下：

借：资产减值损失——生产性生物资产（橡胶）
　　　　　　　　　　　　　　　　　153 729
　　贷：生产性生物资产减值准备——橡胶　153 729

3. 已确认的消耗性生物资产跌价损失的转回

企业在每年年度终了对消耗性生物资产进行检查时，如果消耗性生物资产减值的影响因素已经消失的，减记金额应当予以恢复，并在原已计提的跌价准备金额内转回，转回的金额计入当期损益，借记"存货跌价准备——消耗性生物资产"科目，贷记"资产减值损失"科目。根据《企业会计准则第 8 号——资产减值》的规定，生产性生物资产减值准备一经计提，不得转回。

（三）公益性生物资产不计提减值准备

对于公益性生物资产而言，由于其持有目的与消耗性生物资产和生产性生物资产有本质不同，主要是出于防护、环境保护等特殊公益性目的，具有非经营性的特点，因此，"生物资产准则"规定公益性生物资产不计提减值准备。

二、采用公允价值模式计量生物资产

（一）采用公允价值计量的条件

根据"生物资产准则"的规定，生物资产通常按照成本计量，但有确凿证据表明其公允价值能够持续可靠取得的除外。对于采用公允价值计量的生物资产，"生物资产准则"规定了严格的条件，应当同时满足下列两个条件：

1. 生物资产有活跃的交易市场，即该生物资产能够在交易市场中直接交易

活跃的交易市场，是指同时具有下列特征的市场：①市场内交易的对象具有同质性；②可随时找到自愿交易的买方和卖方；③市场价格信息是公开的。

2. 能够从交易市场上取得同类或类似生物资产的市场价格及其他相关信息，从而对生物资产的公允价值作出科学合理的估计

同类或类似的生物资产，是指品种相同、质量等级相同或类似、生长时间相同或类似、所处气候和地理环境相同或类似的有生命的动物和植物。这一规定表明，企业能够客观而非主观随意地使用公允价值。

此外，对于不存在活跃交易市场的生物资产，采用下列一种或多种方法，有确凿证据表明确定的公允价值是可靠的，也可以

采用采用公允价值计量:

① 从交易日到资产负债表日经济环境未发生重大变化的情况下,最近期的交易市场价格;

② 对资产差别进行调整的类似资产的市场价格;

③ 行业基准,比如以每公顷表示的果园价值、千克肉品表示的牲畜价格等;

④ 以使用该项生物资产的预期净现金流量按当前市场确定比率折现的现值(应当反映市场参与者预期该资产在其最相关市场产生的净现金流量)作为该资产当前的公允价值。

(二)公允价值模式下的会计处理

在公允价值模式下,企业不再对生物资产计提折旧和计提跌价准备或减值准备,应当按照生物资产的公允价值减去估计销售时所发生的费用后的净额计量,各期变动计入当期损益。一般情况下,企业对生物资产的计量模式一经确定,不得随意变更。

第四节　生物资产的收获与处置

一、生物资产的收获

收获,是指消耗性生物资产生长过程的结束,如收割小麦、采伐用材林等,以及农产品从生产性生物资产上分离,如从苹果树上采摘下苹果、奶牛产出牛奶、绵羊产出羊毛等。

(一)收获农产品成杏核算的一般要求

农产品按照所处行业,一般可以分为种植业产品(如小麦、水稻、玉米、棉花、糖料、烟叶等)、畜牧养殖业产品(如牛奶、羊毛、肉类、禽蛋等)、林产品(如苗木、原木、水果等)和水产品(如鱼、虾、贝类等)。企业应当按照成本核算对象(消耗性生物资产、生产性生物资产、公益性生物资产和农产品)设置明细账,并按成本项目设置专栏,进行明细分类核算。

从收获农产品成本核算的截止时点来看,由于种植业产品和林产品一般具有季节性强、生产周期长、经济再生产与自然再生产相交织的特点,种植业产品和林产品成本计算期因不同产品的特点而异。因此,企业在确定收获农产品的成本时,应特别注意成本计算的截止时点,而在收获时点之后的农产品应当适用《企业会计准则第1号——存货》。按照成本与可变现净值孰低计量。例如,粮豆的成本算至入库或能够销售;棉花算至皮棉;纤维作物、香料作物、人参、啤酒花等算至纤维等初级产品;草成本算至干草;不入库的鲜活产品算至销售;入库的鲜活产品算至入库;年底尚未脱粒的作物,其产品成本算至预提脱粒费用等。再如,育苗的成本计算截至出圃;采割阶段,林木采伐算至原木产品;橡胶算至加工成干胶或浓缩胶乳;茶的成本计算截至各种毛茶;水果等其他收获活动计算至产品能够销售等。

(二)收获农产品的会计处理

1. 消耗性生物资产收获农产品的会计处理

从消耗性生物资产上收获农产品后,消耗性生物资产自身完全转为农产品而不复存在,如肉猪宰杀后的猪肉、收获后的蔬菜、用材林采伐后的木材等,企业应当将收获时点消耗性生物资产的账面价值结转为农产品的成本。借记"农产品"科目,贷记"消耗性生物资产"科目,已计提跌价准备的,还应同时结转跌价准备,借记"存货跌价准备——消耗性生物资产"科目;对于不通过入库直接销售的鲜活产品等,按实际成本,借记"主营业务成本"科目,贷记"消耗性生物资产"

科目。

【例2.8】甲种植企业20007年6月入库小麦20t,成本为12 000元。甲企业的账务处理如下:
借:农产品——小麦　　　　　　　　　　　12 000
　　贷:消耗性生物资产——小麦　　　　　　12 000

2. 生物性生物资产收获农产品的会计处理

生产性生物资产具备自我生长性,能够在生产经营中长期、反复使用,从而不断产出农产品。从生产性生物资产上收获农产品后,生产性生物资产这一母体仍然存在,如奶牛产出牛奶、从果树上采摘下水果等。农业生产过程中发生的各项生产费用,按照经济用途可以分为直接材料、直接人工等直接费用以及间接费用,企业应当区别处理:

(1)农产品收获过程中发生的直接材料、直接人工等直接费用

该类费用直接计入相关成本核算对象,借记"农业生产成本——农产品"科目,贷记"库存现金""银行存款""原材料""应付职工薪酬""生产性生物资产累计折旧"等科目。

【例2.9】甲奶牛养殖企业2007年1月发生奶牛(已进入产奶期)的饲养费用如下:领用饲料5 000kg,计1 200元,应付饲养人员工资3 000元,以现金支付防疫费500元。甲企业的账务处理如下:
借:生产成本——农业生产成本(牛奶)　　4 700
　　贷:原材料　　　　　　　　　　　　　1 200
　　　　应付职工薪酬　　　　　　　　　　3 000
　　　　库存现金　　　　　　　　　　　　　500

（2）农产品收获过程中发生的间接费用

该类费用，如材料费、人工费、生产性生物资产的折旧费等应分摊的共同费用，应当在生产成本归集，借记"农业生产成本——共同费用"科目，贷记"库存现金""银行存款""原材料""应付职工薪酬""生产性生物资产累计折旧"等科目；在会计期末按一定的分配标准，分配计入有关的成本核算对象，借记"农业生产成本——农产品"科目，贷记"农业生产成本——共同费用"科目。

实务中，常用的间接费用分配方法通常以直接费用或直接人工为基础，直接费用比例法以生物资产或农产品相关的直接费用为分配标准，直接人工比例法以直接从事生产的工人工资为分配标准，其公式为：

间接费用分配率 = 间接费用总额 ÷ 分配标准（即直接费用总额或直接人工总额）× 100%

某项生物资产或农产品应分配的间接费用额 = 该项资产相关的直接费用或直接人工 × 间接费用分配率

除此之外，还可以直接材料、生产工时等为基础进行分配，企业可以根据实际情况加以选用。例如，蔬菜的温床费用分配计算公式如下：

蔬菜应分配的温床（温室）费用 = [温床（温室）费用总数 ÷ 实际使用的格日（平方米日）总数] × 该种蔬菜占用的格日（平方米日）数

其中，温床格日数是指某种蔬菜占用温床格数和在温床生产日数的乘积，温室平方米日数是指某种蔬菜占用位的平方米数和在温室生长日数的乘积。

【例 2.10】甲农场利用温床培育丝瓜、西红柿两种秧苗，温床费用为 3 200 元，其中丝瓜占用温床 40 格，生长期为 30 天；西红柿占用温床 10 格，生长期为 40 天。秧苗育成移至温室栽培后,发生温室费用15 200元,其中丝瓜占用温室1 000m², 生长期为70天; 西红柿占用温室1 500m², 生长期为80天。两种蔬菜发生的直接生产费用为3 000元,其中丝瓜1 360元, 西红柿1 640元。应负担的间接费用共计4 500元, 采用直接费用比例法分配。丝瓜和西红柿两种蔬菜的产量分别为38 000kg和29 000kg。

有关计算如下:丝瓜应分配的温床费用 = 3 200 ÷ (40 × 30 + 10 × 40) × 40 × 30 = 2 400 (元)

丝瓜应分配的温室费用 = 15 200 ÷ (1 000 × 70 + 1 500 × 80) × 1 000 × 70 = 5 600 (元)

丝瓜应分配的间接费用 = 4 500 ÷ (1 360 + 1 640) × 1 360 = 2 040 (元)

西红柿应分配的温床费用 = 3 200 ÷ (40 × 30 + 10 × 40) × 10 × 40 = 800 (元)

西红柿应分配的温室费用 = 15 200 ÷ (1 000 × 70 + 1 500 × 80) × 1 500 × 80 = 9 600 (元)

西红柿应分配的间接费用 = 4 500 ÷ (1 360 + 1 640) × 1 640 = 2 460 (元)

(三) 成本结转方法

在收获时点企业应当将该时点归属于某农产品生产成本的账面价值结转为农产品的成本,借记"农产品"科目,贷记"农业生产成本——农产品"科目。具体的成本结转方法包括加权平均法、个别计价法、蓄积量比例法、轮伐期年限法等。企业可以根据实际情况选用合适的成本结转方法,但是一经确定,不得随意变更。

【例 2.11】 畜牧养殖企业 2007 年 5 月末养殖的肉猪账面余额为 24 000 元,共计 40 头;6 月 6 日花费 7 000 元新购入一批肉猪养殖,共计 10 头;6 月 30 日屠宰并出售肉猪 20 头,支付临时工屠宰费用 100 元,出售取得价款 16 000 元;6 月份共发生饲养费用 500 元(其中,应付专职饲养员工资 300 元,饲料 200 元)。甲企业采用移动加权平均法结转成本。

甲企业的账务处理如下:

平均单位成本 = (24 000 + 7 000 + 500) ÷ (40 + 10) = 630 (元)

出售猪肉的成本 = 630 × 20 = 12 600 (元)

借:消耗性生物资产——肉猪	7 000
贷:银行存款	7 000
借:消耗性生物资产——肉猪	500
贷:应付职工薪酬	300
原材料	200
借:农产品——猪肉	12 700
贷:消耗性生物资产	12 600
库存现金	100
借:库存现金	16 000
贷:主营业务收入	16 00
借:主营业务成本	12 700
贷:农产品——猪肉	12 700

蓄积量比例法、轮伐期年限法和折耗率法等都是林业中通常使用的方法,具有林业的特殊性,以下分别加以叙述。

1. 蓄积量比例法

蓄积量比例法以达到经济成熟可供采伐的林木为"完工"标志,将包括已成熟和未成熟的所有林木按照完工程度(林龄、林木培育程度、费用发生程度等)折算为达到经济成熟可供采伐的林木总体蓄积量,然后,按照当期采伐林木的蓄积量占折算的林木总体蓄积量的比例,确定应该结转的林木资产成本。该方法主要适用于择伐方式和林木资产由于择伐更新使其价值处于不断变动的情况下。计算公式如下:

某期应结转的林木资产成本=(当期采伐林木的蓄积量÷林木总体蓄积量)×期初林木资产账面总值

2. 轮伐期年限法

轮伐期年限法将林木原始价值按照可持续经营的要求,在其轮伐期的年份内平均摊销,并结转林木资产成本。其中,轮伐期是指将一块林地上的林木均衡分批、轮流采伐一次所需要的时间(通常以年为单位计算)。计算公式如下:

某期应结转的林木资产成本=林木资产原值÷轮伐期

3. 折耗率法

折耗率法也是林业上常用的方法之一。该方法按照采伐林木所消耗林木蓄积量占到采伐为止预计该地区、该树种可能达到的总蓄积量摊销、结转所采伐林木资产成本。计算公式如下:

采伐的林木应摊销的林木资产价值=折耗率×所采伐林木的蓄积量

折耗率=林木资产总价值÷到采伐为止预计的总蓄积量

其中,折耗率应分树种、地区分别测算;林木资产总价值是指该地区、该树种的营造林历史成本总和;预计总蓄积量是指到采伐为止预计该地区、该树种可能达到的总蓄积量。

二、生物资产的处置

(一)生物资产出售

生物资产出售时,企业应按实际收到的金额,借记"银行存款"等科目,贷记"主营业务收入"等科目;应按其账面余额，借记"主营业务成本"等科目，贷记"生产性生物资产"、"消耗性生物资产"等科目，已计提跌价或减值准备或折旧的，还应同时结转跌价或减值准备或累计折旧。

【例2.12】甲畜牧养殖企业于2007年1月将育成的40头仔猪出售给乙食品加工厂，价款总额为20 000元，货款尚未收到。出售时仔猪的账面余额为12 000元，未计提跌价准备。

甲企业的账务处理如下：
借：应收账款——乙食品加工厂　　　　　20 000
　　贷：主营业务收入　　　　　　　　　　20 000
借：主营业务支出　　　　　　　　　　　12 000
　　贷：消耗性生物资产——育肥猪　　　　12 000

（二）生物资产盘亏或死亡、毁损

生物资产盘亏或死亡、毁损时，应当将处置收入扣除其账面价值和相关税费后的余额先记入"待处理财产损溢"科目，待查明原因后，根据企业的管理权限，经股东大会、董事会、经理（场长）会议或类似机构批准后，在期末结账前处理完毕。生物资产因盘亏或死亡、毁损造成的损失，在减去过失人或者保险公司等的赔款和残余价值之后，计入当期管理费用；属于自然灾害等非常损失的，计入营业外支出。

【例2.13】甲企业于2007年8月4日丢失3头种牛，账面原值为11 600元，已经计提折旧600元；8月29日经查实，饲养员赵五应赔偿3 000元。甲企业的账务处理如下：

```
借：待处理财产损溢                    11 000
    生产性生物资产累计折旧              600
    贷：生产性生物资产——种猪         11 600
借：其他应收款——赵五                3 000
    管理费用                          8 000
    贷：待处理财产损溢                11 000
```

（三）生物资产转换

生物资产改变用途后的成本应当按照改变用途时的账面价值确定，也就是说，将转出生物资产的账面价值作为转入资产的实际成本。通常包括如下情况：

① 产畜或役畜淘汰转为育肥畜、或者林木类生产性生物资产转为林木类消耗性生物资产时，按转群或转变用途时的账面价值，借记"消耗性生物资产"科目，按已计提的累计折旧，借记"生产性生物资产累计折旧"科目，按其账面余额，贷记"生产性生物资产"科目。已计提减值准备的，还应同时结转已计提的减值准备。

育肥畜转为产畜或役畜、或者林木类消耗性生物资产转为林木类生产性生物资产时，应按其账面余额，借记"生产性生物资产"科目，贷记"消耗性生物资产"科目。已计提跌价准备的，还应同时结转跌价准备。

【例 2.14】 2007 年 4 月，甲企业自行繁殖的 50 头种猪转为育肥猪，此批种猪的账面原价为 500 000 元，已经计提的累计折旧为 200 000 元，已经计提的资产减值准备为 30 000 元。

甲企业的账务处理如下：

> 借：消耗性生物资产——育肥猪 270 000
> 　　生产性生物资产累计折旧 200 000
> 　　生产性生物资产减值准备 30 000
> 　贷：生产性生物资产——成熟生产性生物资产
> 　　　（种猪） 500 000

② 消耗性生物资产、生产性生物资产转为公益性生物资产时，应当按照相关准则规定，考虑其是否发生减值，发生减值时，应首先计提减值准备，并以计提减值准备后的账面价值作为公益性生物资产的入账价值。转换时，应按其扣除减值准备后的账面价值，借记"公益性生物资产"科目，按已计提的生产性生物资产累计折旧，借记"生产性生物资产累计折旧"科目，按已计提的减值准备，借记"存货跌价准备""生产性生物资产减值准备"科目，按账面余额，贷记"消耗性生物资产""生产性生物资产"科目。

> **【例 2.15】** 2007 年 7 月，由于区域生态环境的需要，甲林业有限责任公司的 12hm^2 造纸原料林（杨树）被划为防风固沙林，仍由公司负责管理，该林的账面余额 80 000 元，已经计提的跌价准备为 5 000 元。
> 甲企业的账务处理如下：
> 借：资产减值损失——消耗性生物资产（造纸原料林）
> 　　　　　　　　　　　　　　　　　　　　5 000
> 　贷：存货跌价准备——消耗性生物资产（造纸原料林）
> 　　　　　　　　　　　　　　　　　　　　5 000
> 借：公益性生物资产——防风固沙林（杨树） 75 000
> 　　存货跌价准备——消耗性生物资产 5 000
> 　贷：消耗性生物资产——造纸原料林（杨树） 80 000

公益性生物资产转为消耗性生物资产或生产性生物资产时,应按其账面余额,借"消耗性生物资产"或"生产性生物资产"科目,贷记"公益性生物资产"科目。

【例2.16】2007年9月,甲林业有限责任公司根据所属区域的林业发展规划相关政策调整,将以马尾松为主的800hm^{2}防风固沙林,全部转为以采脂为目的的商品林,该马尾松的账面价值为2 000 000元。其中,已经具备采脂条件的为600hm^2,账面价值为1 600 000元,其余的尚不具备采脂条件。2007年11月,甲公司根据国家政规定,将乙林班100hm^{2}作为防风固沙林的杨树转为作为造纸原料的商品林,该杨树账面余额为180 000元。

甲企业的账务处理如下:

2007年9月

借:生产性生物资产——成熟生产性生物资产(马尾松)
　　　　　　　　　　　　　　　　　　　　　　1 600 000
　　生产性生物资产——未成熟生产性生物资产(马尾松)　　　　　　　　　　　　　　　　　400 000
　贷:公益性生物资产——防风固沙林(马尾松)
　　　　　　　　　　　　　　　　　　　　　　2 000 000

2007年11月

借:消耗性生物资产——造纸原料林(杨树)　180 000
　贷:公益性生物资产——防风固沙林(杨树)
　　　　　　　　　　　　　　　　　　　　　　180 000

第五节 林木资产核算

一、林木资产的概念和分类

林木资产与其他生物资产相比,有一定的特殊性。林木资产有广义和狭义之分,广义的林木资产是指生长在林地上的活立木,包括以商品经营为主要目的的商品林和以发挥生态效益为主要目的的公益林;狭义的林木资产是指符合资产定义的活立木,即商品林。

根据林木资产的起源、林种、分类经营的需要、林木的生产和管理阶段、核算与管理的需要等,有以下几种分类方法:

① 按照林木资产的起源,可以分为天然林和人工林。

② 按照林种,可以分为用材林、经济林、防护林、薪炭林和特种用途林。用材林是以生产木材为主要目的的林木,包括以生产竹材为主要目的的竹林;经济林是以生产果品、食用油料、饮料、工业原料和药材等为主要目的的林木;防护林是以发挥防护效益为主要目的的林木和灌木丛;薪炭林是以生产燃料为主要目的的林木;特种用途林是以国防、环境保护、科学实验等为主要目的的林木。

③ 按照分类经营的需要,可以分为商品林和公益林。

④ 按照林木的生产和管理阶段,可以分为育苗阶段、造林抚育阶段、采割阶段等。

⑤ 按照核算和管理的需要可以分为消耗性林木资产和生产性林木资产。

二、会计科目的设置

林木资产核算涉及的相关科目有"消耗性生物资产——林木

资产""生产性生物资产——林木资产""公益性生物资产——林木资产""生产性生物资产累计折旧""生产性生物资产减值准备""存货跌价准备——消耗性林木资产跌价准备""专项应付款"等科目。

1. "消耗性生物资产——林木资产"科目

本科目核算农业企业持有的消耗性林木资产的实际成本。借方反映消耗性林木资产的增加，贷方反映消耗性林木资产的减少，期末借方余额，反映农业企业持有的消耗性林木资产的实际成本和暂时难以明确生产性或消耗性特点的林木资产的实际成本。企业应根据管理需要，按照林种、小班、造林抚育成本、营林期间费用等设置明细账，进行明细核算。

进行消耗性林木资产核算需要注意的事项有以下几点：一是消耗性林木资产在郁闭成林前发生的实际支出应予以资本化，计入林木类消耗性生物资产成本，在本科目核算；二是对于暂时难以明确未来生产目的的生产性或消耗性特点的林木资产实际成本，在本科目核算；三是对于已郁闭成林消耗性林木资产采取择伐、间伐等不影响林木郁闭成林状态的采伐方式时，采伐迹地人工更新造林的后续支出，其实际成本也应该在本科目核算；四是消耗性林木资产在郁闭成林后发生的管护费用等后续支出，在"管理费用"科目核算，不在本科目核算。

2. "生产性生物资产——林木资产"科目

本科目核算农业企业持有的生产性林木资产的实际成本。借方反映生产性林木资产的增加，贷方反映生产性林木资产的减少，期末借方余额，反映农业企业持有的生产性林木资产的实际成本。企业应根据管理需要，按照林种、小班、造林抚育成本、营林期间费用等设置明细账，进行明细核算。

生产性林木资产核算需要注意的事项有以下几点：一是生产性林木资产在成熟前发生的实际支出，在本科目核算；二是采用择伐、间伐等不影响成熟生产性林木正常生产状态的采伐方式，在成熟生产性林木中进行采伐迹地人工更新造林发生的后续支出，仍在本科目核算；三是生产性林木资产在成熟后发生的管护费用等后续支出，在"农业生产成本"或"管理费用"科目核算，不在本科目核算。

3. "公益性生物资产——林木资产"科目

本科目核算农业企业持有公益林的实际成本。借方反映公益林的增加，贷方反映公益林的减少，期末借方余额，反映公益林的实际成本。公益林在郁闭成林前发生的实际支出，在本科目核算；公益林在郁闭成林后发生的管理费用等后续支出，在"管理费用"科目核算，不在本科目核算。企业应根据管理需要，按照林种、小班、造林抚育成本、管护期间费用等设置明细账，进行明细核算。

需要注意的是，本科目不仅核算国家拨款形成的公益林，企业以自有资金或信贷资金形成的公益林也在此科目核算。

4. "存货跌价准备——消耗性林木资产跌价准备"科目

本科目核算企业提取的已郁闭成林消耗性林木资产跌价准备。借方反映消耗性林木资产跌价准备的减少，贷方反映消耗性林木资产跌价准备的增加，期末贷方余额反映企业已提取的消耗性林木资产跌价准备。消耗性林木资产跌价准备科目是消耗性林木资产科目的抵减科目。企业可根据管理需要和可能，按照林种、小班等设置明细账，进行明细核算。

三、林木资产增加的核算

（一）消耗性林木资产的增加

消耗性林木资产是消耗性生物资产的一部分，主要包括人工营造的用材林、薪炭林等。消耗性林木资产增加方式有企业自行营造、购入、生产性林木资产转入、公益林转入、投资转入、天然林转入、债务重组、非货币性交易、接受捐赠、盘盈等。

1. 自行营造的消耗性林木资产

企业自行营造的消耗性林木资产郁闭前，应按耗用的直接材料、直接人工和其他直接费，借记"消耗性生物资产——林木资产"科目，贷记"现金""银行存款""原材料""应付职工薪酬"等科目。

【例2.17】 某林业有限责任公司自行营造用材林，在郁闭成林前，支付人员工资16 000元及福利费2 240元，领用材料21 000元，会计分录为：

借：消耗性生物资产——林木资产（A林班）　39 240
　　贷：应付职工薪酬——工资　　　　　　　　16 000
　　　　　　　　　　　——职工福利费　　　　 2 240
　　　　原材料　　　　　　　　　　　　　　　21 000

采用择伐、间伐等不影响消耗性林木郁闭成林状态的采伐方式，在已郁闭成林消耗性林木中进行采伐迹地人工更新造林发生的后续支出，在其完成、验收后，仍然应借记"消耗性生物资产——林木资产"科目，贷记有关科目。

2. 购入的消耗性林木资产

企业购入消耗性林木资产时，按购买时支付的应计入购买林木资产价值的金额，借记"消耗性生物资产——林木资产"科目，贷记"现金""银行存款"等科目。

【例2.18】 某林业有限责任公司购买农户的已郁闭成林的马尾松7hm^{2}作为造纸原料林，共支付价款250 000元，以现金支付，会计分录为：

借：消耗性生物资产——林木资产（马尾松）250 000
　　贷：现金　　　　　　　　　　　　　　　　250 000

3. 生物资产之间相互转换方式取得的消耗性林木资产

改变生产经营目的取得的消耗性林木资产,如由生产性林木资产转作消耗性林木资产、由公益林转入的消耗性林木资产。

由于分类经营政策的调整、变化,使企业的生产性林木转变为商品林(属于消耗性林木资产的部分)时,按生产性林木资产的账面价值,借记"消耗性生物资产——林木资产"科目;按计提的累计折旧,借记"生产性生物资产累计折旧"科目;按计提的生产性林木资产减值准备,借记"生产性生物资产减值准备"科目;按生产性林木资产的账面余额,贷记"生产性生物资产——成熟生产性生物资产(林木资产)"科目或"生产性生物资产——未成熟生产性生物资产(林木资产)"科目。

【例 2.19】 某林业有限责任公司依据市场的需求变化和甲林班马尾松的实际情况,将该林班母树林调整作为以生产木材为经营目的,该林班林木资产账面余额为 80 000 元,已计提折旧 30 000,已计提生产性生物资产减值准备 10 000 元。会计分录为:
　　借:消耗性生物资产——林木资产　　　　　　40 000
　　　　生产性生物资产累计折旧　　　　　　　　30 000
　　　　生产性生物资产减值准备　　　　　　　　10 000
　　　　贷:生产性生物资产——成熟生产性生物资产
　　　　　　(林木资产)　　　　　　　　　　　80 000

由于分类经营政策的调整、变化,使企业的公益林转变为商品林(属于消耗性林木资产的部分)时,按公益林的账面余额,借记"消耗性生物资产——林木资产"科目,贷记"公益性生物资产——林木资产"科目。

> **【例 2.20】** 某林业有限责任公司依据国家政策规定，将 A 林班 100hm² 公益林转变为以生产木材为主的商品林，该公益林的账面价值为 150 000 元，会计分录为：
> 　　借：消耗性生物资产——林木资产（A 林班）　150 000
> 　　　　贷：公益性生物资产——林木资产　　　　　　150 000

4. 以其他方式取得的消耗性林木资产

如接受投资、接受捐赠、非货币性交易、债务重组等取得的消耗性林木资产，应按照《企业会计准则》相关业务核算规定进行处理。

（二）生产性林木资产的增加

生产性林木资产增加上的形式有企业自行营造、购入、消耗性林木资产转入、公益林转入、投资转入、债务重组、非货币性交易、接受捐赠、盘盈等。

1. 自行营造的生产性林木资产

企业自行营造的生产性林木资产成熟前，应按耗用的直接材料、直接人工和其他直接费，借记"生产性生物资产——未成熟生产性生物资产（林木资产）"科目，贷记"现金""银行存款""原材料""应付职工薪酬"等科目。企业自行营造的具有生产性特点的林木资产成熟投产时，应按"生产性生物资产——未成熟生产性生物资产（林木资产）"账面价值，借记"生产性生物资产——成熟生产性生物资产（林木资产）"科目；按已计提减值准备，借记"生产性生物资产减值准备——未成熟生产性生物资产（林木资产）"等科目；按账面余额，贷记"生产性生物资产——未成熟生产性生物资产（林木资产）"科目。

> **【例 2.21】** 1994 年至 2008 年某林业有限责任公司自行营造的具有生产性特点的油茶林 10hm²，共发生造林抚育

成本 41 000 元；2009 年继续追加投入直接材料费用 5 720 元，人员工资 2 000 元，计提福利费 280 元，银行存款支付的技术服务费 2 000 元；2009 年末该油茶林达到预定生产经营目的，该油茶林未计提减值准备。

2009 年当年发生追加投入时，会计分录为：

借：生产性生物资产——未成熟生产性生物资产（林木资产）　　　　　　　　　　　　　　　　10 000
　　贷：原材料　　　　　　　　　　　　　　　　5 720
　　　　应付职工薪酬——工资　　　　　　　　　2 000
　　　　　　　　　　——职工福利费　　　　　　280
　　　　银行存款　　　　　　　　　　　　　　　2 000

2009 年末，达到预定生产经营目的，会计分录为：

借：生产性生物资产——成熟生产性生物资产（林木资产）　　　　　　51 000（41 000＋10 000）
　　贷：生产性生物资产——未成熟生产性生物资产（林木资产）　　　　　　　　　　　　　51 000

采用择伐、间伐等不影响成熟生产性林木正常生产状态的采伐方式，在成熟生产性林木中进行采伐迹地人工更新造林发生的后续支出，在其完成验收后，仍然应借记"生产性生物资产——成熟生产性生物资产（林木资产）"科目，贷记有关科目。

2. 购入的生产性林木资产

按购买价格、保险费以及其他可直接归属于购买生产性生物资产的相关税费，借记"生产性生物资产——成熟生产性生物资产（林木资产）"科目（成熟的生产性林木资产部分）或"生产性生物资产——未成熟生产性生物资产（林木资产）"科目（未成熟的生产性林木资产部分），贷记"现金""银行存款"等科目。

【例2.22】某林业有限责任公司购入处于正常生产期的油茶林38hm^2，共支付价款500 000元，以银行存款支付，没有发生其他税费。会计分录为：

借：生产性生物资产——成熟生产性生物资产（林木资产） 500 000
　　贷：银行存款 500 000

3. 生物资产之间相互转换方式取得的生产性林木资产

如由消耗性林木资产转入的生产性林木资产、由公益林划转入的生产性林木资产。

消耗性林木资产中同时具有生产性和消耗性特点的林木资产，按照主要经营目的，明确为生产性林木资产时，或消耗性林木资产转为生产性林木资产时，应按消耗性林木资产的账面价值，借记"生产性生物资产——成熟生产性生物资产（林木资产）"科目或"生产性生物资产——未成熟生产性生物资产（林木资产）"科目；按计提的消耗性林木资产跌价准备，借记"存货跌价准备——消耗性林木资产跌价准备"科目；按消耗性林木资产的账面余额，贷记"消耗性生物资产——林木资产"科目。

【例2.23】某林业有限责任公司依据市场的需求变化和乙林班马尾松的实际情况，将该林班以木材为经营目的调整作为母树林，该林班林木资产账面余额为300 000元，已计提消耗性林木资产跌价准备50 000元。会计分录为：

借：生产性生物资产——成熟生产性生物资产（林木资产） 250 000
　　存货跌价准备——消耗性林木资产跌价准备
　　　　　　　　　　　　　　　　　　　　　　　50 000
　　贷：消耗性生物资产——林木资产 300 000

由于分类经营政策的调整、变化,使企业的公益林转为生产性林木资产时,应按公益林的账面余额,借记"生产性生物资产——成熟生产性生物资产(林木资产)"科目(成熟的生产性林木资产部分)或"生产性生物资产——未成熟生产性生物资产(林木资产)"科目(未成熟的生产性林木资产部分),贷记"公益性生物资产——林木资产"科目。

【例 2.24】 某林业有限责任公司依据该区域的林业发展规划和相关政策的调整,将该公司所辖的以马尾松为主的公益林 1 000hm^2 全部转化为以采脂为目的的商品林,该公益林的账面价值为 3 000 000 元,其中,已经具备采脂条件的为 600hm^2,账面价值为 2 200 000 元,其余尚不具备采脂条件。会计分录为:

借:生产性生物资产——成熟生产性生物资产(林木资产)　　　　　　　　　　　　　　　　2 200 000
　　　　　　——未成熟生产性生物资产(林木资产)　　　　　　　　　　　　　　　　　800 000
　　贷:公益性生物资产——林木资产　　3 000 000

4. 以其他方式取得的生产性林木资产

如接受投资、接受捐赠、非货币性交易、债务重组等取得的生产性林木资产,应按照《企业会计准则——固定资产》有关投资、捐赠、非货币性交易、债务重组等取得固定资产的规定进行会计核算。

(三)公益林的增加

1. 自行营造的公益林

企业自行营造的公益林郁闭前,应按耗用的直接材料、直接人工和其他直接费,借记"公益性生物资产——林木资产"

科目，贷记"现金""银行存款""原材料""应付职工薪酬"等科目。如果使用的是国家拨款，则在其郁闭时，还应借记"专项应付款"科目，贷记"资本公积——其他资本公积"科目。

【例2.25】 某林业有限责任公司使用国家专项拨款营造的7hm²公益林已经郁闭成林，该公益林的实际成本为36 000元，其中工人工资及福利费22 800元，原材料10 000元，其他现金开支3 200元。

公益林郁闭前，会计分录为：

借：公益性生物资产——林木资产	36 000
贷：应付职工薪酬——工资	20 000
——职工福利费	2 800
原材料	10 000
现金	3 200

公益林郁闭成林时，会计分录为：

借：专项应付款	36 000
贷：资本公积——其他资本公积	36 000

采用择伐、间伐等不影响公益林正常防风固沙、水土保持等公益性效能的采伐方式，在已郁闭公益林中进行采伐迹地人工更新造林发生的后续支出，在其完成验收后，仍然应借记"公益性生物资产——林木资产"科目，贷记有关科目。

2. 生物资产之间相互转换方式取得的公益林

如由消耗性林木资产转入的公益林、由生产性林木资产划转入的公益林。

由于分类经营政策的调整、变化，使企业的消耗性林木资产转为公益林时，按消耗性林木资产的账面价值，借记"公益性生物资产——林木资产"科目；按计提的消耗性林木资产跌价准备，借记"存货跌价准备——消耗性林木资产跌价准备"科目;按消耗性林木资产的账面余额,贷记"消耗性生物资产——林木资产"科目。如果使用的是国家拨款,则在其郁闭时,还应借记"专项应付款"科目,贷记"资本公积——其他资本公积"科目。

【例2.26】 由于区域生态环境需要,某林业有限责任公司的15hm^{2}造纸原料林被划为公益林,任由公司负责管理,该林账面余额为80 000元,已计提消耗性林木资产跌价准备8 000元。已知"专项应付款"科目贷方余额为38 000元。

公益林郁闭前,会计分录为:
借:公益性生物资产——林木资产　　　　　72 000
　　存货跌价准备——消耗性林木资产跌价准备　8 000
　　贷:消耗性生物资产——林木资产　　　　80 000
公益林郁闭成林时,会计分录为:
借:专项应付款　　　　　　　　　　　　　38 000
　　贷:资本公积——其他资本公积　　　　　38 000

由于分类经营政策的调整、变化,使企业的生产性林木资产转为公益林时,按生产性林木资产的账面价值,借记"公益性生物资产——林木资产";按计提的累计折旧,借记"生产性生物资产累计折旧"科目;按计提的生产性林木资产减值准备,借记"生产性生物资产减值准备"科目;按生产性林木资产的账面余额,贷记"生产性生物资产——成熟生产性生物资产(林木资产)"科目或"生产性生物资产——未成熟生产性生物资产(林木资产)"科目。如果使用的是国家拨款,则在其郁闭时,还应借记"专项应付款"科目,贷记"资本公积——其他资本公积"科目。

【例2.27】 由于区域生态环境需要,某林业有限责任公司主动将一片尚未成熟的母树林调整作为公益林,该母树林资产账面余额为50 000元,已计提生产性生物资产减值准备5 000元。会计分录为:

借:公益性生物资产——林木资产　　　　　45 000
　　生产性生物资产减值准备　　　　　　　 5 000
　贷:生产性生物资产——未成熟生产性生物资产
　　　（林木资产）　　　　　　　　　　　50 000

四、林木资产减少的核算

(一) 消耗性林木资产的减少

消耗性林木资产减少的方式有企业采伐利用、出售活立木、转为公益林、投资转出、债务重组、非货币性交易、捐赠、毁损、盘亏等。

1. 采伐利用

消耗性林木资产采伐时,按消耗性林木资产的账面价值,借记"农业生产成本"科目;按计提的消耗性林木资产跌价准备,借记"存货跌价准备——消耗性林木资产跌价准备"科目;按消耗性林木资产的账面余额,贷记"消耗性生物资产——林木资产"科目。

【例2.28】 某纸业有限公司为满足造纸的原料需要,采伐企业自行营造培育的造纸原料林200 hm^2,该林木资产的账面余额为250 000元,已计提的跌价准备为5 000元。会计分录为:

借：农业生产成本——×××	245 000
存货跌价准备——消耗性林木资产跌价准备	5 000
贷：消耗性林木资产——林木资产	250 000

2. 出售消耗性林木资产

企业将属于消耗性林木资产的活立木出售取得货款时，按应收取的金额，借记"银行存款""应收账款"等科目，贷记"主营业务收入"科目。同时，按照已提取的消耗性林木资产的账面价值，借记"主营业务成本"科目；按照已计提的消耗性林木资产跌价准备，借记"存货跌价准备——消耗性林木资产跌价准备"科目；按照消耗性林木资产的账面余额，贷记"消耗性生物资产——林木资产"科目。

【例 2.29】某林业责任有限公司出售工业原料林 $8hm^2$，取得价款 360 000 元，存入银行，该林账面价值为 270 000 元，未计提跌价准备。会计分录为：

借：银行存款　　　　　　　　　　　360 000
　　贷：主营业务收入　　　　　　　360 000
同时：
借：主营业务成本　　　　　　　　　270 000
　　贷：消耗性生物资产——林木资产　270 000

3. 生物资产之间相互转换方式减少的消耗性林木资产

如由消耗性林木资产转为生产性林木资产、转为公益林。消耗性林木资产中同时具有生产性和消耗性特点的林木资产，按照主要经营目的，明确为生产性林木资产时，或消耗性林木资产转为生产性林木资产时，应按消耗性林木资产的账面价值，借记"生产性生物资产——成熟生产性生物资产（林木资产）"科目或"生产性生物资产——未成熟生产性生物资产（林木资产）"科目；按计提的消耗性林木资产跌价准备，借记"存货跌价准备——消耗性林木资产跌价准备"科目；按消耗性林木资产的账面余额，贷记"消耗性生物资产——林木资产"科目。

由于分类经营政策的调整、变化，使企业的消耗性林木资产转为公益林时，按消耗性林木资产的账面价值，借记"公益性生物资产——林木资产"科目；按计提的消耗性林木资产跌价准备，借记"存货跌价准备——消耗性林木资产跌价准备"科目；按消耗性林木资产的账面余额，贷记"消耗性生物资产——林木资产"科目。如果使用的是国家拨款，则在其郁闭时，还应借记"专项应付款"科目，贷记"资本公积——其他资本公积"科目。

【例2.30】为满足当地改善生态环境的要求，按照公益林确认标准，将××林业有限责任公司的3 000hm²工业原料林划转为公益林，该工业原料林的账面余额为4 000 000元，已计提跌价准备300 000元。会计分录为：
　　借：公益性生物资产——林木资产　　　　3 700 000
　　　　存货跌价准备——消耗性林木资产跌价准备
　　　　　　　　　　　　　　　　　　　　　　300 000
　　　　贷：消耗性生物资产——林木资产　　4 000 000

4. 以其他方式减少的消耗性林木资产

如投资、捐赠、非货币性交易、债务重组等原因转出的消耗性林木资产，应参照《企业会计准则》等相关业务核算规定进行处理。

（二）生产性林木资产的折旧与减少

1. 生产性林木资产折旧

生产性林木资产折旧范围及折旧方法可参见本章"第三节

生物资产的后续计量"中"（一）成熟的生产性生物资产折旧的计提"部分。

企业按月计提的成熟生产性林木资产折旧，借记"农业生产成本""制造费用""管理费用"等科目，贷记"生产性生物资产累计折旧"科目。

【例2.31】2009年6月某林业有限责任公司对处于正常生产期的油茶林10hm^2，提取折旧400元。会计分录为：
借：农业生产成本——茶油　　　　　　　　　　400
　　贷：生产性生物资产累计折旧　　　　　　　400

2. 生产性林木资产减少
（1）出售生产性林木资产

将生产性林木资产作价转让时，按实际收到的金额，借记"银行存款"等科目；按已计提的累计折旧，借记"生产性生物资产累计折旧"科目；按计提的生产性林木资产减值准备，借记"生产性生物资产减值准备"科目；按生产性林木资产的账面余额，贷记"生产性生物资产——成熟生产性生物资产（林木资产）"科目或"生产性生物资产——未成熟生产性生物资产（林木资产）"科目；按其差额，借记"营业外支出——处置非流动资产损失"科目或贷记"营业外收入——处置非流动资产利得"科目。

【例2.32】某林业责任有限公司出售处于正常生产期的橡胶林8hm^2，取得价款180 000元，存入银行，该橡胶林账面余额为500 000元，已计提折旧300 000元，已计提减值准备10 000元。会计分录为：
借：银行存款　　　　　　　　　　　　　180 000
　　生产性生物资产累计折旧　　　　　　300 000

```
      生产性生物资产减值准备——成熟生产性生物资产
                                              10 000
      营业外支出——处置非流动资产损失       10 000
        贷：生产性生物资产——成熟生产性生物资产
           （奶牛）                         500 000
```

(2) 生物资产之间相互转换方式减少的生产性林木资产

如由生产性林木资产转为消耗性林木资产、转为公益林。

由于分类经营政策的调整、变化，使企业的生产性林木转变为商品林（属于消耗性林木资产的部分）时，按生产性林木资产的账面价值，借记"消耗性生物资产——林木资产"科目；按计提的累计折旧，借记"生产性生物资产累计折旧"科目；按计提的生产性林木资产减值准备，借记"生产性生物资产减值准备"科目；按生产性林木资产的账面余额，贷记"生产性生物资产——成熟生产性生物资产（林木资产）"科目或"生产性生物资产——未成熟生产性生物资产（林木资产）"科目。

由于分类经营政策的调整、变化，使企业的生产性林木资产转为公益林时，按生产性林木资产的账面价值，借记"公益性生物资产——林木资产"；按计提的累计折旧，借记"生产性生物资产累计折旧"科目；按计提的生产性林木资产减值准备，借记"生产性生物资产减值准备"科目；按生产性林木资产的账面余额，贷记"生产性生物资产——成熟生产性生物资产（林木资产）"科目或"生产性生物资产——未成熟生产性生物资产（林木资产）"科目。如果使用的是国家拨款，则在其郁闭时，还应借记"专项应付款"科目，贷记"资本公积——其他资本公积"科目。

(3) 以其他方式减少的生产性林木资产

因投资、捐赠、非货币性交易、债务重组等原因转出的生产性林木资产，应按《企业会计准则——固定资产》有关投资、捐赠、非货币性交易、债务重组等转出固定资产的规定进行会计核算。

（三）公益林的减少

公益林减少的方式有公益林转为商品林、转为生产性林木、政府收回、毁损等。

1. 公益林转为消耗性林木资产

由于分类经营政策的调整、变化，使企业的公益林转变为商品林（属于消耗性林木资产的部分）时，按公益林的账面余额，借记"消耗性生物资产——林木资产"科目，贷记"公益性生物资产——林木资产"科目。

2. 公益林转为生产性林木资产

由于分类经营政策的调整、变化，使企业的公益林转为生产性林木资产时，应按公益林的账面余额，借记"生产性生物资产——成熟生产性生物资产（林木资产）"科目（成熟的生产性林木资产部分）或"生产性生物资产——未成熟生产性生物资产（林木资产）"科目（未成熟的生产性林木资产部分），贷记"公益性生物资产——林木资产"科目。

4. 政府收回、毁损

企业因政府收回、毁损等原因减少公益林时，按公益林的账面余额，借记"资本公积——其他资本公积"科目，贷记"公益性生物资产——林木资产"科目。

【例 2.33】接林业管理部门通知，某林业有限责任公司管理的 76hm^2 公益林由政府收回统一管理，该公益林的账面价值为 400 000 元。会计分录为：

借：资本公积——其他资本公积　　　　400 000
　　贷：公益性生物资产——林木资产　　　400 000

五、林木管护费用的核算

林木发生的管护费用,应区别不同的情况进行会计处理。

1. 郁闭成林前林木资产的管护费用

对于企业的林木资产在郁闭成林前(或达到预定生产经营目的前)发生的管护费用,直接计入相关林木资产的实际成本,借记"消耗性生物资产——林木资产"科目、"生产性生物资产——未成熟生产性生物资产(林木资产)"科目或"公益性生物资产——林木资产"科目,贷记"现金""银行存款""原材料"等科目。

2. 郁闭成林后林木资产的管护费用

对于企业的林木资产在郁闭成林后(或达到预定生产经营目的后)发生的管护费用应按照不同情况进行会计处理。

成熟生产性林木资产达到预定经营目的后应负担的管护费用,在发生当期计入农业生产成本,应借记"农业生产成本——××林产品"科目,贷记"现金""银行存款""原材料"等科目。

公益林和消耗性林木资产郁闭成林后应负担的管护费用,应首先计入"管理费用"科目,发生相关费用时,应借记"管理费用"科目,贷记"现金""银行存款""原材料"等科目。其中公益林郁闭成林后的管理费用,如果使用的是国家拨款,在办理了核销审批手续后,应借记"专项应付款"科目,贷记"管理费用""资本公积——其他资本公积"科目。

【例2.34】某林业有限责任公司发生的森林管护费用40 000元,其中人员工资20 000元,原材料15 000元,管护设备折旧5 000元,管护总面积8 000hm^2;其中郁闭成林前的消耗性林木资产、公益林面积分别为3 000hm^2、1 000hm^2,郁闭成林后的消耗性林木资产、公益林面积分别为 2 500hm^2、1 500hm^2；其中公益林管护使用国家专项拨款。管护费用按照面积比例进行分配。

① 计算管护费用分配系数。

管护费用分配系数 = 40 000 ÷ 8 000 = 5（元/hm^2）。

其中，工资分配系数 = 20 000 ÷ 8 000 = 2.5（元/hm^2）；

原材料分配系数 = 15 000 ÷ 8 000 = 1.875（元/hm^2）；

设备折旧分配系数 = 5 000 ÷ 8 000 = 0.625（元/hm^2）。

② 分配郁闭成林前的消耗性林木资产、公益林应负担管护费用时，会计分录为：

借：消耗性生物资产——林木资产　15 000（3000×5）

　　公益性生物资产——林木资产　　5 000（1000×5）

　　贷：应付职工薪酬——工资　10 000（4000×2.5）

　　　　累计折旧　　　　　　 2 500（4000×0.625）

　　　　原材料　　　　　　　 7 500（4000×1.875）

③ 分配郁闭成林后公益林和消耗性林木资产应负担的管护费用时，会计分录为：

借：管理费用　　　　　　　　　　　　　20 000

　　贷：应付职工薪酬——工资　　　　　10 000

　　　　累计折旧　　　　　　　　　　　 2 500

　　　　原材料　　　　　　　　　　　　 7 500

④ 期末转销公益林应负担的管护费用，会计分录为：

借：专项应付款　　　　　　　　　　　　12 500

　　贷：管理费用　　　　　　　　　　7 500（1500×5）

　　　　资本公积——其他资本公积5 000（1000×5）

六、林木资产跌价、减值准备的核算

1. 消耗性林木资产的跌价准备

消耗性林木资产在郁闭成林前不计提跌价准备。郁闭成林后的消耗性林木资产，企业应当在期末或者至少在每年年度终了对其进行检查，如果由于遭受自然灾害、病虫害、动物疫病侵袭等原因，导致其可变现净值低于账面价值的，应按其可变现净值低于账面价值的差额，计提消耗性林木资产跌价准备。

企业计提消耗性林木资产跌价准备时，应按提取金额，借记"资产减值损失——计提消耗性林木资产跌价准备"科目，贷记"存货跌价准备——消耗性林木资产跌价准备"科目；消耗性林木资产减值影响因素消失时，应按转回金额作相反的会计分录，借记"存货跌价准备——消耗性林木资产跌价准备"科目，贷记"资产减值损失——计提消耗性林木资产跌价准备"科目。

【例2.35】某林业有限责任公司的已郁闭成林造纸原料林（2007年以前未计提跌价准备）账面价值3 000 000元，2007年由于发生病害，预计其可变现净值为2 400 000元，2008年由于病害得到一定治理，该原料林预计其可变现净值为2 600 000元，2009年病害得到完全治理，该原料林长势较好，预计其可变现净值为3 100 000元。则：

2007年末应作如下会计分录为：

应计提的跌价准备 = 3 000 000 - 2 400 000 = 600 000（元）；

本期应计提的跌价准备 = 600 000 - 0 = 600 000（元）。

借：资产减值损失——计提消耗性林木资产跌价准备
              600 000

  贷：存货跌价准备——消耗性林木资产跌价准备
              600 000

2008年末应作如下会计分录为：

应计提的跌价准备 = 3 000 000 - 2 600 000 = 400 000（元）；

本期应计提的跌价准备 = 400 000 - 600 000 = -200 000（元），负值表示应转回多计提的跌价准备。

> 借：存货跌价准备——消耗性林木资产跌价准备
> 　　　　　　　　　　　　　　　　　　200 000
> 　　贷：资产减值损失——计提消耗性林木资产跌价
> 　　　　准备　　　　　　　　　　　　200 000
> 2009 年末应作如下会计分录为：
> 本年该原料林可变现净值超过其账面价值不存在跌价，故应在原已计提的跌价准备金额内全部转回。
> 应计提的跌价准备 = 0（元）；
> 本期应计提的跌价准备 = 0 - 400 000 = - 400 000（元）。
> 借：存货跌价准备——消耗性林木资产跌价准备
> 　　　　　　　　　　　　　　　　　　400 000
> 　　贷：资产减值——计提消耗性林木资产跌价准备
> 　　　　　　　　　　　　　　　　　　400 000

2. 生产性林木资产减值准备

生产性生物资产的减值是指该资产的可回收金额低于其账面价值。可回收金额是指资产的销售净价与预期从该资产的持续使用和使用寿命结束时的处置中形成的现金流量的现值两者之中的较高者，其中，销售净价是指资产的销售价格减去处置资产所发生的相关税费后的余额。

生产性林木资产，企业应当在期末或者至少在每年年度终了对其进行检查，如果由于遭受自然灾害、病虫害、动物疫病侵袭等原因，导致其可回收金额低于账面价值的，应按其可回收金额低于账面价值的差额，计提生产性林木资产减值准备。根据《企业会计准则第 8 号——资产减值》的规定，生产性生物资产减值准备一经计提，不得转回。

企业计提生产性林木资产减值准备时，应按提取金额，借记"资产减值损失——计提成熟生产性林木资产减值准备"或"资产减值损失——计提未成熟生产性林木资产减值准备"科目，贷记"生产性生物资产减值准备"科目。

【例2.36】2008年12月31日,乙农业企业对处于正常生产期的橡胶园进行检查时发现其可能发生减值。该橡胶园销售净价为1 200 000元;尚可使用5年,预计其在未来4年内产生的现金流量分别为400 000元、360 000元、320 000元、250 000元;第5年产生的现金流量以及使用寿命结束时处置形成的现金流量合计为200 000元;在考虑相关风险的基础上,公司决定采用5%的折现率。假设2008年12月31日该橡胶园的账面价值为1 500 000元,以前年度没有计提生产性生物资产减值准备。有关计算过程如表2-2所示:

表2-2 生产性生物资产未来现金流量现值计算表

年度	预计未来现金流量	折现率(%)	现值系数	现值
2009	400 000	5	0.952 4	380 960
2010	360 000	5	0.907 0	326 520
2011	320 000	5	0.863 8	276 416
2012	250 000	5	0.822 7	205 675
2013	200 000	5	0.783 5	156 700
合计				1 346 271

该企业橡胶园的账面价值为1 500 000元,可收回金额为1 346 271元(销售净价与未来现金流量现值高者为可收回金额),其账面价值大于可收回金额的差额为153 729(1 500 000 - 1 346 271)元。

乙农业企业应作如下会计分录为:
借:资产减值——计提成熟生产性林木资产减值准备
　　　　　　　　　　　　　　　　　　153 729
　贷:生产性生物资产减值准备——成熟生产性林木资产减值准备　　　　　　　　153 729

【例 2.37】 1994 年至 2008 年某林业有限责任公司自行营造的具有生产性特点的油茶林 10hm^2，共发生造林抚育成本 41 000 元；2008 年末检查发现其可能发生减值，经测算其未来可收回金额为 38 000 元；2009 年继续追加投入直接材料费用 5 720 元，人员工资 2 000 元，计提福利费 280 元，银行存款支付的技术服务费 2 000 元；2009 年末该油茶林经检测达到预定生产经营目的。则：

2008 年末，会计分录为：

应计提的减值准备 = 41 000 - 38 000 = 3 000（元）；

本期应计提的减值准备 = 3 000 - 0 = 3 000（元）。

借：资产减值损失——计提未成熟生产性林木资产减
　　值准备　　　　　　　　　　　　　　　　　3 000
　　贷：生产性生物资产减值准备——未成熟生产性
　　　　林木资产减值准备　　　　　　　　　　3 000

2009 年发生追加投入时，会计分录为：

借：生产性生物资产——未成熟生产性生物资产（林
　　木资产）　　　　　　　　　　　　　　　10 000
　　贷：原材料　　　　　　　　　　　　　　　5 720
　　　　应付职工薪酬——工资　　　　　　　　2 000
　　　　　　　　　　——职工福利费　　　　　　280
　　　　银行存款　　　　　　　　　　　　　　2 000

2009 年末，达到预定生产经营目的，会计分录为：

借：生产性生物资产——成熟生产性生物资产（林木
　　资产）　　　　　　　　　　　　　　　　48 000
　　生产性生物资产减值准备——未成熟生产性林木
　　资产减值准备　　　　　　　　　　　　　　3 000
　　贷：生产性生物资产——未成熟生产性生物资产
　　　　（林木资产）　　　　　　　　　　　51 000

3. 关于公益林的减值准备问题

对于公益性生物资产而言,由于其持有目的与消耗性生物资产和生产性生物资产有本质不同,主要是出于防护、环境保护等特殊公益性目的,具有非经营性的特点,因此,"生物资产准则"规定公益性生物资产不计提减值准备。

第三章
林业专项资金的核算

第一节 林业专项资金概述

一、林业专项资金的概念

林业专项资金是我国为保护森林资源、发展林业生产,由国家林业主管部门和财政部门共同建立的、拨付给林业企事业单位,用于特定项目、具有专门用途的项目资金。林业专项资金主要用于基层林业企事业单位的林业生产建设,改善生产生活条件,部分用于对林农的补偿。

二、林业专项资金的内容

近几年,随着国家对森林资源的作用的认识越来越深,对林业也就越来越重视,同时对林业的投入越来越大,安排的项目资金越来越多。目前我国的林业专项资金主要包括育林基金、森林植被恢复费、森林生态效益补偿基金、天然林资源保护工程资金、退耕还林工程资金、速生丰产用材林工程资金、京津风沙源治理工程资金、三北防护林体系建设工程资金、长江中下游地区等重点防护林体系建设工程资金、野生动植物保护及自然保护区建设工程资金、其他营造林工程建设资金、国家农业综合开发林业项目资金、林业贴息贷款、贫困林场扶贫资金、石油价格改革财政补贴资金、林业有害生物防治资金、林业科技推广示范资金、森林抚育补贴资金、森林防火资金等。

　　国家对林业专项资金用途规定有特定的使用项目、严格的使用范围。作为营林企业，对国家安排的林业专项资金的会计核算就必须严格按照资金项目进行，专款专用。

　　本章主要针对一些重点林业专项资金的核算进行阐述。

第二节　育林基金的核算

一、育林基金的概念

　　育林基金（育林费），也指林价，就是营林企业根据以林养林的原则，为恢复和发展林木资产而按照最高不超过林木产品销售收入的10%征收的一项专项资金，是营林企业培育森林资源的重要资金来源，并按照《育林基金征收使用管理办法》进行筹集、使用和管理。

　　为保护我国森林资源，促进林业可持续发展，国家财政部和国家林业局规定凡采伐林木的单位和个人应严格按照《育林基金征收使用管理办法》的规定缴纳育林基金。

二、育林基金管理办法主要内容

　　为保护我国的森林资源，促进林业可持续发展，财政部和国家林业局根据《中华人民共和国森林法》《中共中央 国务院关于加快林业发展的决定》（中发［2003］9号）和《中共中央国务院关于全面推进集体林权制度改革的意见》（中发［2008］

10号）的规定，于 2009 年 5 月 25 日颁布实施新的《育林基金征收使用管理办法》（以下简称《办法》）。《办法》对征缴育林基金的对象、征收范围、征收标准、征收环节、使用范围和管理级次等进行了进一步明确。

《办法》的有关规定：

① 征收对象：凡采伐林木的单位和个人应按照本办法规定缴纳育林基金。

② 征收率：育林基金按照最高不超过林木产品销售收入的 10% 计征，具体征收标准由各省、自治区、直辖市考虑林业生产经营单位和个人的经济承受能力核定。具备条件的地区可以将育林基金征收标准确定为零。

③ 征收环节：育林基金在林木产品的销售环节征收。自产自用或直接用于加工的林木产品，在移送使用环节征收。农村居民采伐自留地和房前屋后个人所有的零星林木，免征育林基金。

林业主管部门不得在多次销售林木产品时重复征收育林基金。对进口林木单位和个人不得征收育林基金。严禁在育林基金外加收任何名目的费用。

④ 林木产品销售收入的确定原则：林木产品是指木材和竹材，不包括林副产品、经济林产品以及其他林产品。

A. 采伐林木单位和个人会计核算健全，能准确提供销售资料的，按照林木产品实际销售收入确定。

B. 采伐林木单位和个人会计核算不健全，不能准确提供销售资料的，按照林业主管部门会同有关部门核定的当地同类林木产品平均销售价格和实际林木产品销售数量计算林木产品销售收入确定。林木产品销售收入 = 同类林木产品平均销售价格 × 实际林木产品销售数量。

C. 采伐林木单位和个人自产自用林木产品或将林木产品直接用于加工的，按照林业主管部门会同有关部门核定的当地同类林木产品平均销售价格和实际耗用林木产品数量计算林木产品销售收入确定。林木产品销售收入＝同类林木产品平均售价×实际林木产品销售数量。

⑤ 征收主体：采伐林木单位和个人缴纳育林基金，由县级以上地方林业主管部门按照管理权限负责征收，使用各省、自治区、直辖市财政部门统一印制的票据。并全额缴入同级地方国库，具体缴库办法按照同级地方财政部门的规定执行。

⑥ 基金管理：县级以上地方林业主管部门应按规定编制育林基金收支预算，报同级财政部门审核。同级地方财政部门根据县级以上地方林业主管部门开展森林资源培育、保护和管理工作需要核定育林基金支出预算。

育林基金应严格按照预算安排使用，实行专款专用，年终结余结转下年度继续使用。

⑦ 育林基金用途：育林基金专项用于森林资源的培育、保护和管理。使用范围包括：种苗培育、造林、森林抚育、森林病虫害预防和救治、森林防火和扑救、森林资源监测、林业技术推广、林区道路维护以及相关基础设施建设和设备购置等。任何单位和个人不得截留或挪作他用。

⑧ 育林基金征收、使用和管理应当接受财政、审计和上级林业主管部门的监督检查。

三、育林基金会计核算

林业企业按照下列科目和核算内容进行育林基金会计核算。

（一）会计科目的设置

1．"专项应付款——育林基金"科目

本科目用来核算营林企业收到的由上级林业主管部门拨入或返还的育林基金，以及其具体使用情况的增减变动。

① 营林企业收到上级拨入或返还的育林基金时，借记"银行存款"科目，贷记本科目。

② 企业用于工程项目支出，借记"固定资产""在建工程""消耗性生物资产"或"生产性生物资产""公益性生物资产""农业生产成本"等科目，贷记"银行存款"科目。在建工程竣工交付使用时，贷记"固定资产"等科目，贷记"在建工程"科目，同时，将用于形成固定资产的育林基金作为国家投资，在实收资本中单独反映，借记本科目，贷记"资本公积——育林基金转入"科目。

③ 人工林工程项目完成验收合格后，将用于形成人工林的育林基金转作国家投资，在林木资本中单独反映，借记本科目，贷记"资本公积——育林基金转入"科目。

④ 企业用于非工程项目的支出，借记"农业生产成本"科目，贷记"银行存款"科目，年末编制决算报同级地方财政部门审核批准后核销时，借记本科目，贷记"农业生产成本"科目。

本科目的期末贷方余额反映未使用的育林基金。

2. "其他应交款——育林基金"科目

本科目用来核算育林基金的提存、征收、解缴和使用情况以及营林企业应结转上交上级林业主管部门育林基金，及其上交情况。

① 销售木竹产品提存的育林基金，借记"主营业务成本——育林基金"科目，贷记本科目；征收的育林基金，借记"银行存款"科目，贷记本科目。

② 结转应交上级林业主管部门的育林基金，借记本科目，贷记"银行存款"科目。

③ 用于营林生产的育林基金，应于结转林木资产时，借记"消耗性生物资产"或"生产性生物资产""公益性生物资产"科目，贷记"农业生产成本"科目，同时，将育林基金转入资本公积，借记"其他应交款——育林基金"科目，贷记"资本公积——育林基金转入"科目。

④ 用于营林设施等固定资产项目的育林基金，应于财产交付使用时，借记"固定资产"科目，贷记"在建工程"等科目。同时，借记本科目，贷记"资本公积——育林基金转入"科目。

⑤ 发生不形成固定资产和林木资产的费用性育林基金支出，借记本科目，贷记"营林费用"等科目。

⑥ 各期计算出应交县级以上地方林业主管部门的育林基金，借记"育林基金"科目，贷记本科目。上交时，借记本科目，贷记"银行存款"科目。营林企业各期计算留存的育林基金，借记"其他应交款——育林基金"科目，贷记"专项应付款——育林基金"科目。

本科目的期末贷方余额反映应上交而暂未上交的育林基金数额和育林基金的结余额。

（二）会计核算业务举例

【例 3.1】 赣峰林业有限责任公司 2009 年 12 月 10 日销售杉原木 500m^3，每立方米 900 元，销售总价为 450 000 元。该省的育林基金征收标准为按林木产品销售收入的 10% 计征，增值税税率为 13%，育林基金实行省、县（市）、场三级分成，比例为 10%、20%、70%。则公司应计的育林基金为 45 000 元，其中应上交省县 30%，企业留 70%。

① 销售杉木时，会计分录为

借：银行存款　　　　　　　　　　　　　508 500
　　贷：主营业务收入　　　　　　　　　　450 000
　　　　应交税费——应交增值税（销项税额）58 500

② 按销售价格的 10% 计征育林基金时，会计分录为

借：营业成本（或主营业务成本）——育林基金
　　　　　　　　　　　　　　　　　　　45 000
　　贷：其他应交款——育林基金　　　　　45 000

③ 上交上级林业主管部门 30% 的育林基金时，

借：育林基金　　　　　　　　　　　　　13 500
　　贷：其他应交款——育林基金　　　　　　13 500

④ 营林企业留存的 70% 育林基金转入专项应付款科目 31 500 元

借：其他应交款——育林基金　　　　　　31 500
　　贷：专项应付款——育林基金　　　　　　31 500

【例 3.2】 赣峰林业有限责任公司 2009 年 12 月 31 日结转全年用育林基金安排营林生产的费用共 600 000 元。

① 当期发生营林生产费用时，

借：农业生产成本——营林生产成本　　　600 000
　　贷：银行存款　　　　　　　　　　　　600 000

② 年末结转林木资产时，

借：消耗性生物资产　　　　　　　　　　600 000
　　贷：农业生产成本——营林生产成本　　600 000

③ 同时将育林基金转作资本公积

借：专项应付款育林基金　　　　　　　　600 000
　　贷：资本公积——育林基金转入　　　　600 000

【例 3.3】 赣峰林业有限责任公司 2009 年 12 月 31 日结转用育林基金建造的营林设施，其中发生的形成固定资产的建造成本 230 000 元，不形成固定资产的营林费用 150 000 元。

① 当期发生建造营林设施和营林费用时，会计分录为

借：在建工程——××设施　　　　　　　230 000
　　营林费用　　　　　　　　　　　　　150 000
　　贷：银行存款　　　　　　　　　　　　380 000

② 年末结转形成固定资产的营林设施的建造成本，并将该设施交付使用部门时，会计分录为

借：固定资产　　　　　　　　　　　　　230 000
　　贷：在建工程——××设施　　　　　230 000
同时，
借：专项应付款育林基金　　　　　　　　230 000
　　贷：资本公积——育林基金转入　　　230 000
③ 结转不形成固定资产的营林费用时，
借：专项应付款——育林基金　　　　　　150 000
　　贷：营林费用　　　　　　　　　　　150 000

【例3.4】赣峰林业有限责任公司2009年12月1日收到上级拨入的某项目育林基金200 000元。

借：银行存款　　　　　　　　　　　　　200 000
　　贷：专项应付款——育林基金　　　　200 000

【例3.5】赣峰林业有限责任公司将2008年12月6日育林基金专项资金安排的非工程项目支出30 000元，于2008年12月31日编制决算报同级财政部门，并于2009年5月15日经财政部门审核批准，同意核销。

① 2008年12月6日发生费用支出时，
借：营林费用　　　　　　　　　　　　　30 000
　　贷：银行存款　　　　　　　　　　　30 000
② 2009年5月15日根据同级财政部门的批准决定，予以核销时，
借：专项应付款——育林基金　　　　　　30 000
　　贷：营林费用　　　　　　　　　　　30 000

【例3.6】赣峰林业有限责任公司2005年用育林基金造林专项资金营造的1 860 000元人工杉木林，于2009年12月31日验收合格，予以结转。

① 当发生营造人工杉木林费用时，会计分录为
借：农业生产成本——营林生产成本——人工杉木林
　　　　　　　　　　　　　　　　　　　1 860 000

贷：银行存款　　　　　　　　　　　　1 860 000
　②人工杉木林验收合格后，结转农业生产成本时，
　　借：消耗性生物资产——人工杉木林资产　1 860 000
　　　贷：农业生产成本——营林生产成本——人工杉
　　　　　木林　　　　　　　　　　　　　1 860 000
　同时，
　　借：专项应付款——育林基金　　　　　　1 860 000
　　　贷：资本公积——育林基金转入　　　　1 860 000

【例3.7】 赣峰林业有限责任公司2009年12月3日用上级拨入的育林基金建造森林防火哨所建造成本136 000元（其中工程物资100 000元，建筑工人工资等36 000元）。
　①购买工程物资时，
　　借：工程物资　　　　　　　　　　　　　100 000
　　　贷：银行存款　　　　　　　　　　　　100 000
　②领用工程物资时，
　　借：在建工程——森林防火哨所　　　　　100 000
　　　贷：工程物资　　　　　　　　　　　　100 000
　③支付建筑工人工资时，
　　借：在建工程——森林防火哨所　　　　　 36 000
　　　贷：银行存款（或库存现金）　　　　　 36 000
　④工程完工，经验收交付使用时，
　　借：固定资产——森林防火哨所　　　　　136 000
　　　贷：在建工程——森林防火哨所　　　　136 000
　同时，将用于形成固定资产的育林基金作为国家投资，
　　借：专项应付款——育林基金　　　　　　136 000
　　　贷：资本公积——育林基金转入　　　　136 000

【例3.8】 赣峰林业有限责任公司2009年12月18日将采伐的杉原木100m³，成本价为36 000元，准备留场继

续加工，按规定计算育林基金。同期同规格的杉原木销售单价为890元。

　　借：原材料——杉原木　　　　　　　　　　44 900
　　　贷：其他应交款——育林基金（100×8%×10%）
　　　　　　　　　　　　　　　　　　　　　　　8 900
　　　　　消耗性生物资产——杉原木　　　　　36 000

第三节　林业重点生态工程建设资金的核算

一、林业重点生态工程建设资金概述

　　林业重点生态工程建设资金是指国家为保护森林资源，促进生态安全，由中央财政和地方财政安排的专项用于天然林资源保护工程、退耕还林工程、京津风沙源治理工程、三北防护林体系建设工程、长江中下游地区等重点防护林体系建设工程、野生动植物保护及自然保护区建设工程、速生丰产用材林基地建设工程、其他营造林工程建设的资金。林业重点生态工程项目支出划分为天然林资源保护工程支出、退耕还林工程支出等林业重点生态工程及其他林业工程支出。工程项目包括人工造林、飞播造林、封山育林、人工促进天然更新、种苗设备设施、营林道路、防火设备设施、科技支撑和病虫害防治、保护区建设等。

　　2003年，国家林业局为进一步规范和加强林业重点生态工程建设资金的核算，根据财政部《基本建设财务管理规定》《国有建设单位会计制度》、国家林业局林业重点生态工程规划和实施方案，结合林业行业的实际情况，制定了《林业重点生态工程建设资金会计核算办法》（国家林业局林计发［2003］193

号),并于 2004 年 1 月 1 日开始实行。本节以营林企业为会计主体,根据《企业会计准则》(2006) 和财政部会计司编写的《企业会计准则讲解》(2010) 的有关规定进行会计核算,并相应调整核算的会计科目。

(一)会计科目的设置(表 3-1)

表 3-1　会计科目表

序号	科目代码	总账科目	明细科目	项目
1	1001	库存现金		
2	1002	银行存款		
3	1122	应收账款		
4	1123	预付账款	预付备料款	
5	1123	预付账款	预付工程款	
6	1221	其他应收款		
7	1403	原材料	地膜等材料	
8	1403	原材料	肥料	
9	1403	原材料	农药	
10	1411	低值易耗品	林业生产用具	
11	1421	消耗性生物资产		
12	1601	固定资产	交通工具	野生动植物保护及自然保护区建设工程支出
13	1601	固定资产	科研设备及仪器	野生动植物保护及自然保护区建设工程支出
14	1604	在建工程	保护站所建设	野生动植物保护及自然保护区建设工程支出
15	1604	在建工程	防火设备设施	
16	1604	在建工程	防火设施设备	速生丰产用材林基地建设工程支出
17	1604	在建工程	防火设施设备	野生动植物保护及自然保护区建设工程支出

（续）

序号	科目代码	总账科目	明细科目	项 目
18	1604	在建工程	公安设施设备	野生动植物保护及自然保护区建设工程支出
19	1604	在建工程	监测点建设	野生动植物保护及自然保护区建设工程支出
20	1604	在建工程	建筑安装工程投资	
21	1604	在建工程	其他投资	
22	1604	在建工程	其他营造林工程支出	
23	1604	在建工程	设备投资	
24	1604	在建工程	营林道路	
25	1604	在建工程	种苗设备设施	
26	1621	生产性生物资产		
27	1623	公益性生物资产		
28	1701	无形资产	科技研发	
29	1801	长期待摊费用		
30	2202	应付账款		
31	2211	应付职工薪酬		
32	2241	其他应付款		
33	2331	专项应付款	本年地方配套资金拨款	
34	2331	专项应付款	本年国债专项资金拨款	
35	2331	专项应付款	本年基建基金拨款	
36	2331	专项应付款	本年其他拨款	
37	2331	专项应付款	以前年度拨款	
38	2501	长期借款	基建投资借款	
39	5001	农业生产成本	病虫害防治	京津风沙源治理工程支出
40	5001	农业生产成本	病虫害防治	三北防护林建设工程支出
41	5001	农业生产成本	病虫害防治	速生丰产用材林基地建设工程支出

（续）

序号	科目代码	总账科目	明细科目	项 目
42	5001	农业生产成本	病虫害防治	天然林资源保护工程支出
43	5001	农业生产成本	病虫害防治	退耕还林工程支出
44	5001	农业生产成本	病虫害防治	野生动植物保护及自然保护区建设工程支出
45	5001	农业生产成本	病虫害防治	长江中下游地区等重点防护林工程支出
46	5001	农业生产成本	飞播造林	京津风沙源治理工程支出
47	5001	农业生产成本	飞播造林	三北防护林建设工程支出
48	5001	农业生产成本	飞播造林	天然林资源保护工程支出
49	5001	农业生产成本	飞播造林	长江中下游地区等重点防护林工程支出
50	5001	农业生产成本	封山（沙）育林（草）	京津风沙源治理工程支出
51	5001	农业生产成本	封山（沙）育林（草）	三北防护林建设工程支出
52	5001	农业生产成本	封山（沙）育林（草）	天然林资源保护工程支出
53	5001	农业生产成本	封山（沙）育林（草）	退耕还林工程支出
54	5001	农业生产成本	封山（沙）育林（草）	长江中下游地区等重点防护林工程支出
55	5001	农业生产成本	前期工作费	京津风沙源治理工程支出
56	5001	农业生产成本	前期工作费	退耕还林工程支出
57	5001	农业生产成本	人工促进天然更新	天然林资源保护工程支出
58	5001	农业生产成本	人工造林（种草）	天然林资源保护工程支出
59	5001	农业生产成本	人工造林（种草）	长江中下游地区等重点防护林工程支出
60	5001	农业生产成本	人工造林（种草）	京津风沙源治理工程支出

(续)

序号	科目代码	总账科目	明细科目	项目
61	5001	农业生产成本	人工造林（种草）	三北防护林建设工程支出
62	5001	农业生产成本	人工造林（种草）	退耕还林工程支出
63	5001	农业生产成本	种苗补助	速生丰产用材林基地建设工程支出
64	5001	农业生产成本	种苗补助	野生动植物保护及自然保护区建设工程支出
65	5001	农业生产成本	种苗设备设施	天然林资源保护工程支出
66	5101	营林费用		

（二）林业重点生态工程建设资金的核算对象

实施林业重点生态工程建设的县级林业局和企事业单位（本书主要指林业企业），为加强项目核算，需按以下核算对象设置明细科目。

1. 人工造林

人工造林是指在采伐迹地、荒山荒地、宜林地、退耕还林地上用人工栽苗或人工直播、插条等方法，进行恢复森林的营林生产作业。

人工造林的成本项目主要有以下几种。

① 调查设计费：是指森林调查设计所发生的费用，包括人员工资、提取的福利费、野外补助费、办公费、差旅费、运输费、修理费和劳保用品费等支出。

② 整地费：是指为更新造林所进行的割带、定点、清理地被物、翻耕、松土、刨穴、排水、砍塔蔸、翻地、筑埂等作业发生的费用。

③ 植苗费：是指将苗木按规定标准栽入林地的作业而发生的费用，包括苗木费、种子费、人工费、通勤费等。

④ 补植费：是指对成活率在规定补植标准以内的造林地上

进行补苗作业发生的费用。

⑤ 幼林抚育费：是指为促进幼林成长壮大所进行的除草、松土、抗旱、防冻、施肥等作业发生的费用。

⑥ 管理费用：是指为组织管理和进行项目建设所发生的费用。

2. 飞播造林

飞播造林是指按照国家规定的飞播作业程序在一定区域内用飞机播撒种子进行造林的作业。飞播造林的成本项目主要有以下几种。

① 调查设计费：是指进行森林调查设计所发生的费用，包括人员工资、提取的福利费、野外补助费、办公费、差旅费、运输费、修理费和劳保用品费等支出。

② 种子费：是指进行飞播所耗用的林木种子价款，包括种子的运杂费、处理费和合理损耗等费用。

③ 点播补植费：是指进行飞播作业后所发生的人工点播和补植费用，包括种苗、种子和人员工资及按规定提取的福利费。

④ 租赁费：是指进行飞播作业所发生的飞机租赁费用。

⑤ 管理费用：是指为组织管理和进行项目建设所发生的费用。

3. 封山育林

封山育林是指为禁止进行林木采伐行为和可能直接或间接导致毁坏林木资源的其他生产经营活动而采取的保护性措施的作业。远山区、交通不便地区，采取封山堵卡等管护措施。

封山育林的成本项目主要有以下几种。

① 调查设计费：是指进行森林调查设计所发生的费用，包括人员工资、提取的福利费、野外补助费、办公费、差旅费、运输费、修理费和劳保用品费等支出。

② 设置围栏费：指采取钉桩、铁篱、围墙开沟挖壕等措施设置围栏或栽植有刺乔木、灌木设置生物围栏进行围封的作业费

用。包括简易管护房舍。

③ 补植费：指在封山育林区进行人工补植或以林木种子直播所发生的费用，包括为补植而发生的割灌、整地等费用。包括：苗木费、种子费、人工费、通勤费等。

④ 设置标牌：指在封山育林区周界明显处，如主要山口、沟口、河口、河流交叉处、主要交通路口等树立固定标牌的费用。

⑤ 人工林抚育费：指对郁闭度在 0.2（含 0.2）以上的人工成林进行的修枝、清理藤条灌木等作业发生的费用，包括通勤费用。

⑥ 天然林抚育费：指为促进林木生长，提高森林质量和单位面积产量，对天然幼壮林进行的修枝、除萌及割除藤条灌木等作业发生的费用，包括通勤费用。

⑦ 管理费用：是指为组织管理和进行项目建设所发生的费用。

4. 人工促进天然更新

人工促进天然更新是指在留有母树的采伐迹地上依靠天然下种辅以人工措施促进种子传播、发芽和野生苗木生长所进行的更新作业。人工促进天然更新的成本项目主要有以下几种。

① 调查设计费：是指进行森林调查设计所发生的费用，包括人员工资、提取的福利费、野外补助费、办公费、差旅费、运输费、修理费和劳保用品费等支出。

② 破土作业费：指在母树周围适宜种子发芽生长的地块进行的整地作业所发生的费用。

③ 植苗费：指在幼树或林木稀疏的天窗、空地栽植人工苗的作业发生的费用，包括苗木费、种子费、人工费、通勤费等。

④ 管理费用：是指为组织管理和进行项目建设所发生的费用。

5. 种苗设备设施

种苗设备设施是指包括种子园苗圃道路、生产作业机械设备购置、种苗生产设施及为提高种子苗木质量而进行的土壤改良等发生的费用。

6. 营林道路

营林道路是指项目单位为组织林业重点生态工程生产作业，由干线或支线延伸到作业点新建的简易道路支出，包括桥涵、堤坝、生产作业、工棚、通信、输变电线路等基础设施。

7. 防火设备设施

防火设备设施是指为进行森林防火而购置的专用设备和修建的专用设施所发生的成本支出。

8. 科技开发

科技开发是指进行营林科学研究实验及推广所发生的费用。

9. 病虫害防治

病虫害防治是指防治森林病虫害所发生的有关费用。

（三）林业重点生态工程建设资金核算的要素费用

要素费用是按当时发生的费用构成划分的，目的在于反映所发生的要素费用的构成情况。

林业重点生态工程的各组成项目在按成本项目进行核算的同时，还要按要素费用进行归集反映。

成本费用明细账要按规定的核算对象设置账户，按要素费用项目设置专栏。

林业重点生态工程各建设项目要素费用统一规定为以下4个项目，即种苗费、材料费、人工费、其他。

① 种苗费：是指为造林及森林更新而耗用的苗木价款和直播所耗用的种子价款。包括苗木、种子的运杂费，处理费和损失等费用。

② 材料费：是指在林业重点生态工程项目建设中直接耗用的各种材料、燃料和低值易耗品摊销等费用。

③ 人工费：是指直接从事林业重点生态工程项目作业人员

的工资及按规定应提取的福利费。

④ 其他费用：是指为组织管理林业重点生态工程项目建设所发生的费用以及其他不属于以上各类的费用。

（四）林业重点生态工程建设资金管理费用的核算和分配

管理费用是指项目单位为组织林业重点生态工程项目建设实施，从项目筹建之日起至办理竣工财务决算之日止发生的各项管理性质的开支。

建设单位管理费实行总额控制，分年度据实列支。林业重点生态工程单独批复的项目以批准的项目投资总概算为建设单位管理费总额控制数的提取基数，按投资总概算的不同规模分档计算。没有投资总概算的项目以年度投资计划总额为建设单位管理费总额控制数的提取基数，并按年度投资计划总额的不同规模分档计算。特殊情况确需超过上述开支标准的，须事前报同级财政部门审核批准。

管理费用包括下列内容。

① 工资：发生的管理人员工资。

② 福利费：发生的按管理人员工资提取的福利费。

③ 办公费：包括购置办公用品、账簿、纸张文具、宣传、技术资料、印刷、复印、电话费、印花税、工具使用费和其他管理性质的费用。

④ 差旅费：干部和工人的差旅费。

⑤ 检查验收费：指进行项目检查验收所发生的费用。包括人员工资、提取的福利费、野外补助费、办公费、差旅费、器具购置费、运输费、水电费、取暖费、修理费、劳保用品费和其他等有关支出。

⑥ 租赁费：指发生的租赁费用。

⑦ 修理费：指发生的日常设备维修费用。

⑧ 取暖费：指发生的取暖费用。包括人员工资、提取的福

利费、燃料、发放给职工的取暖费和其他相关费用。

⑨ 运输费：指发生的运输费用。包括人员工资、提取的福利费、燃料、养路费、运输费、人身保险费和其他有关费用。

⑩ 保险费：指发生的保险费用。包括劳动保险、财产保险。

⑪ 劳动保护费：指发生的劳动保护费。包括发给职工的劳保用品及保健费和与此相关的费用。

⑫ 警卫消防费：指发生的警卫消防费用。

⑬ 水电费：指发生的水、电费用。

⑭ 机物料消耗：指发生的为维护生产设备正常运转所领用的各种消耗性材料，如润滑油、擦试材料等。

⑮ 社会保障费：指按规定支付的住房公积金、职工养老保险统筹金、职工医疗保险费支出。

⑯ 业务招待费：建设单位用于本项目相关的招待费支出，不得超过建设单位管理费用总额的10%。

⑰ 固定资产使用费：指建设单位使用本单位或其他单位属于固定资产的房屋、设备、仪器等的折旧费、大修理费用、维修费、租赁费以及房产税、土地使用税等。

⑱ 其他费用：指发生的上述项目以外的其他支出内容。

管理费用的分配方式：管理费用在分摊时能够分清项目的按项目分摊，不能分清项目的按投资比例在各项目中分摊。能够形成资产的项目发生的管理费用在待摊投资中归集，不能形成资产的项目发生的管理费用直接计入待核销基建支出。

二、天然林资源保护工程财政资金的核算

（一）天然林资源保护工程财政资金的概念

天然林资源保护工程财政资金是指中央和地方财政安排的专项用于天然林资源保护工程的事业性经费，包括人工造林、飞播造林、封山育林、人工促进天然更新、种苗设备设施、营林道

路、防火设备设施、科技研发、病虫害防治、其他等。

（二）会计核算业务举例

【例3.9】赣峰林业有限责任公司2009年3月2日收到省财政厅拨入的天然林资源保护工程经费120万元。

借：银行存款　　　　　　　　　　　　　　1 200 000
　　贷：专项应付款——天然林资源保护工程资金
　　　　　　　　　　　　　　　　　　　　1 200 000

【例3.10】赣峰林业有限责任公司2009年3月6日从银行支取备用金3万元。

借：库存现金　　　　　　　　　　　　　　　30 000
　　贷：银行存款　　　　　　　　　　　　　30 000

【例3.11】赣峰林业有限责任公司2009年3月16日支付购买天然林资源保护工程材料费10万元。

借：原材料　　　　　　　　　　　　　　　100 000
　　贷：银行存款　　　　　　　　　　　　100 000

【例3.12】赣峰林业有限责任公司2009年4月2日支付天然林资源保护工程作业设计费5万元。

借：营林费用——天然林资源保护工程作业设计费
　　　　　　　　　　　　　　　　　　　　50 000
　　贷：银行存款　　　　　　　　　　　　50 000

【例3.13】赣峰林业有限责任公司2009年4月10日计算人员工资12万元。

借：农业生产成本——人工费——天然林资源保护工程
　　支出　　　　　　　　　　　　　　　　120 000
　　贷：应付职工薪酬——工资　　　　　　120 000

【例3.14】赣峰林业有限责任公司2009年4月10日计提职工福利费。

借：农业生产成本——人工费——天然林资源保护工程
　　　支出　　　　　　　　　　　　　　　　16 800
　　贷：应付职工薪酬——福利费　　　　　　16 800

【例3.15】赣峰林业有限责任公司2009年4月12日领用材料6万元。

借：农业生产成本——材料费——天然林资源保护工
　　　程支出　　　　　　　　　　　　　　60 000
　　贷：原材料　　　　　　　　　　　　　　60 000

【例3.16】赣峰林业有限责任公司对2009年4月30日支付的天然林资源保护工程设计费分摊记入天然林资源保护工程支出。

借：农业生产成本——其他费用——天然林资源保护
　　　工程支出　　　　　　　　　　　　　50 000
　　贷：营林费用——天然林资源保护工程作业设计费
　　　　　　　　　　　　　　　　　　　　50 000

【例3.17】赣峰林业有限责任公司5月5日收到中行的投资借款100万元。

借：银行存款　　　　　　　　　　　　1 000 000
　　贷：长期借款——基建投资借款　　　1 000 000

【例3.18】赣峰林业有限责任公司5月15日通过开户银行代发职工5月份工资12万元。

借：应付职工薪酬——工资　　　　　　　120 000
　　贷：银行存款　　　　　　　　　　　　120 000

【例3.19】赣峰林业有限责任公司5月18日预付中标单位金元公司天然林资源保护工程款50万元。

借：预付账款——预付工程款——金元公司　500 000
　　贷：银行存款　　　　　　　　　　　　500 000

【例3.20】赣峰林业有限责任公司5月20日预提天然

林保险费用 2 万元。

借：农业生产成本——其他费用——天然林资源保护
　　工程支出　　　　　　　　　　　　　　50 000
　　贷：长期待摊费用——预提保险费　　　　50 000

【例 3.21】赣峰林业有限责任公司 6 月 25 日支付保险费用 15 万元。

借：长期待摊费用——预提保险费　　　　　150 000
　　贷：银行存款　　　　　　　　　　　　150 000

【例 3.22】赣峰林业有限责任公司 9 月 25 日收到金元公司天然林资源保护工程发票 100 万元。

借：农业生产成本——其他费用——天然林资源保护
　　工程支出　　　　　　　　　　　　　 1 000 000
　　贷：预付账款——预付工程款——金元公司
　　　　　　　　　　　　　　　　　　　　500 000
　　　　银行存款　　　　　　　　　　　　500 000

【例 3.23】赣峰林业有限责任公司 12 月 25 日对天然林资源保护工程项目进行验收，结转发生的支出形成资产部分 160 万元，不能形成资产应予核销的部分 36 万元。

① 形成资产部分 160 万元，

借：公益性生物资产——天然林　　　　 1 600 000
　　贷：农业生产成本——天然林资源保护工程支出
　　　　　　　　　　　　　　　　　　 1 600 000

借：专项应付款——天然林资源保护工程资金 1 600 000
　　贷：资本公积——天然林资源保护工程资金转入
　　　　　　　　　　　　　　　　　　 1 600 000

② 不能形成资产应予核销的部分 36 万元，

借：专项应付款——天然林资源保护工程资金　360 000
　　贷：农业生产成本——天然林资源保护工程支出
　　　　　　　　　　　　　　　　　　　　360 000

三、其他林业重点建设资金的核算

对退耕还林工程资金、速生丰产用材林建设工程、京津风沙源治理工程、三北防护林体系建设工程、长江中下游地区等重点防护林体系建设工程、野生动植物保护及自然保护区建设工程、其他营造林工程建设的资金等的会计核算，可参照天然林资源保护工程财政资金的核算，本书不再赘述。

第四节 国家农业综合开发林业项目资金的核算

一、国家综合农业开发林业项目资金概述

（一）国家综合农业开发林业项目政策

国家农业综合开发林业项目（以下简称农发林业项目）是指由国家林业局和国家农业综合开发办公室联合批复，由省级林业主管部门组织实施的项目。农发林业项目遵循国家农业综合开发的指导思想和方针政策，是加快区域生态经济建设，增强林产品有效供给，提高农业综合生产能力，利用国家农业综合开发财政专项资金对林业资源进行的综合性开发活动。农发林业项目包括林业生态示范项目和名优经济林、花卉示范项目两类。

林业生态示范项目包括长江防护林建设、太行山绿化和重点沙化（地）治理等内容。

名优经济林花卉示范项目包括名优经济林、花卉的种苗示范基地建设及产品产后处理等方面的建设内容。

农发林业项目以国家农业综合开发中长期规划和国家、区域

林业生态和产业建设规划为指导，按照扶持骨干产业、突出重点的原则，集中投资，规模治理。

农发林业项目严格按照财政专项资金管理的规定，参照林业基本建设程序管理，实行中央、省、市（地）、县分级管理的制度。地方各级林业主管部门应当与同级财政部门（或者农发办）密切配合，各负其责，互相支持，共同做好农发林业项目的管理工作。

林业生态示范项目应当以营造农田防护林、水土保持林、水源涵养林、防风固沙林等具有防护功能兼有经济价值的林种为主，并且有明确的区域范围，治理面积集中连片，具有一定的开发治理条件，对改善农业生产条件和生态环境具有明显的效果；年度单个项目连片治理面积不低于 2 000 亩[①]，单个项目中央财政投资规模不低于 80 万元。

名优经济林、花卉示范项目应当有明显的资源优势和区域特色，开发的产品具有较高的科技含量和广阔的市场前景；经济效益显著，示范带动作用明显，有利于促进区域主导产业的发展和增加农民收入；项目建设单位有较强的技术力量、承建能力和适应市场经济的经营管理机制，具有独立法人资格；单个项目中央财政投资规模不低于 80 万元。

项目扶持的主要对象为项目区所在的县级林业主管部门、国有林场（圃）、集体林场、农民专业合作组织、经济林及花卉产业化龙头企业、基层林业专业技术推广组织和林业科研教学单位等。

（二）国家农发林业项目资金的使用范围

农发林业项目采取"国家引导、配套投入、民办公助"的多渠道投入机制，实行"突出重点、权责对等、分级管理、绩效评价、结果导向"的原则，以资金投入控制项目规模，按照项目管理资金。农发林业项目资金是由中央财政资金、地方财政

---

① 1 亩 = 1/15hm^2。

资金配套、企业或职工自筹资金等三部分组成，其中中央财政资金全部为无偿投入。

1. 林业生态示范项目

包括营造林及低效林改造所需的种子、苗木、运输、整地、定植、补植、封育、幼林管护、农药肥料购置、苗圃建设；作业便道、灌溉（蓄水池、引水渠、保水剂等）、防火设施、沙障、围栏、警示宣传牌建设；可行性研究、实施方案、年度作业设计编制，立项评估、工程监理、工程招标、人员培训、科技推广、效益监测、竣工验收及工程建设所必需的小型仪器设备购置等费用。

2. 名优经济林、花卉示范项目

包括营造经济林、花卉示范基地建设及低效林改造所需的种子、苗木、运输、整地、定植、补植、封育、幼林管护、苗圃建设；项目所必需的基础设施建设及设备购置，包括温室大棚、土地平整、土壤改良、灌排及 10kV（含）以下输变电设施、田间道路建设；技术推广、技术培训及新品种引进补助等费用。

（三）国家农发林业项目资金的管理

国家农发林业项目财政资金严格按照农业综合开发财务、会计制度进行管理，实行专人管理、专账核算、专款专用，及时足额拨付，按照规定范围使用资金，严禁挤占挪用。

严格执行各项财经管理制度，建立健全内部监督制约机制。加强资金使用的追踪检查，定期对资金的拨付、到位、使用情况进行审计，发现问题及时纠正，对违法违纪行为要严肃处理。

二、国家综合农业开发林业项目资金的会计核算

财政部为规范和加强农发林业项目资金的会计核算工作，根据《中华人民共和国会计法》和《国家农业综合开发资金管理办法》，制定并颁布实施了《农业综合开发资金会计制度（试

行）》，该制度不仅适应作为管理农业综合开发资金的财政部门和农业综合开发机构，也适应从事农业综合开发资金项目的经济实体，为此，作为国家农发林业项目资金的营林企业必须按照该制度的相关规定执行。

（一）会计科目设置

本节以营林企业作为会计主体讲解农发林业项目资金的会计核算，参照表3-1设置会计科目。

（二）会计核算业务举例

1. 采用招投标方式

【例3.24】赣峰林业有限责任公司2009年5月6日从江西省农发办得知，公司申请的林业生态示范项目——低效林改造项目已获中央批复立项。中央的开发资金为100万元，省级配套资金80万元，企业自筹20万元。2009年12月5日收到中央项目资金70万元，复合肥10万元。

借：银行存款　　　　　　　　　　　　　700 000
　　原材料——复合肥　　　　　　　　　100 000
　　贷：专项应付款——国家综合农业开发林业项目
　　　　资金——中央项目资金　　　　　800 000

【例3.25】赣峰林业有限责任公司2009年5月6日支付赣源林业勘测设计院设计费5万元。

借：中央工程支出——低效林改造项目　　50 000
　　贷：银行存款　　　　　　　　　　　50 000

【例3.26】赣峰林业有限责任公司2009年5月8日支付招投标代理中心招标代理费30 000元。

借：营林费用——低效林改造项目　　　　30 000
　　贷：银行存款　　　　　　　　　　　30 000

【例3.27】 赣峰林业有限责任公司2009年5月15日预付中标公司——赣丰造林公司工程款35万元,复合肥10万元。

  借:预付账款——赣丰造林公司　　　　　　450 000
    贷:银行存款　　　　　　　　　　　　　350 000
      原材料——复合肥　　　　　　　　100 000

【例3.28】 赣峰林业有限责任公司2009年5月18日收到省级配套资金50万元。

  借:银行存款　　　　　　　　　　　　　　　500 000
    贷:专项应付款——国家综合农业开发林业项目
      资金——地方项目资金　　　　　　500 000

【例3.29】 赣峰林业有限责任公司2009年6月5日预付赣丰造林公司工程款35万元。

  借:预付账款——赣丰造林公司　　　　　　300 000
    贷:银行存款　　　　　　　　　　　　　300 000

【例3.30】 赣峰林业有限责任公司2009年8月10日预付赣丰造林公司工程款40万元。

  借:预付账款——赣丰造林公司　　　　　　300 000
    贷:银行存款　　　　　　　　　　　　　300 000

【例3.31】 赣峰林业有限责任公司2009年8月18日收到中央项目资金20万元,省级配套资金30万元。

  借:银行存款　　　　　　　　　　　　　　　500 000
    贷:专项应付款——国家综合农业开发林业项目
      资金——地方项目资金　　　　　　300 000
      专项应付款——国家综合农业开发林业项目
      资金——中央项目资金　　　　　　200 000

【例3.32】 赣峰林业有限责任公司2009年10月15日预付赣丰造林公司工程款40万元。

借：预付账款——赣丰造林公司　　　　　　400 000
　　贷：银行存款　　　　　　　　　　　　400 000

【例 3.33】 赣峰林业有限责任公司 2009 年 12 月 20 日对低效林改造项目进行验收，按规定预留质保金 10 万元。

借：农业生产成本——低效林改造项目　　1 700 000
　　贷：预付账款——赣丰造林公司　　　　1 450 000
　　　　应付账款——赣丰造林公司　　　　　150 000
　　　　其他应付款——应付质量保证金——赣丰造林公司　　　　　　　　　　　　　　100 000

【例 3.34】 赣峰林业有限责任公司低效林改造项目进行完工结算。

① 借：公益性生物资产　　　　　　　　　1 780 000
　　　贷：农业生产成本——低效林改造项目
　　　　　　　　　　　　　　　　　　　　1 780 000
② 借：专项应付款——国家综合农业开发林业项目资金
　　　　　　　　　　　　　　　　　　　　1 800 000
　　　贷：资本公积——国家综合农业开发林业项目资金　　　　　　　　　　　　　　　1 800 000
③ 借：竣工工程　　　　　　　　　　　　1 780 000
　　　贷：竣工工程基金　　　　　　　　　1 780 000

【例 3.35】 赣峰林业有限责任公司对低效林改造项目进行竣工结算，编制完工项目结余款项结算表和与省农发办的结余款项移交表，并将结余款汇交回财政部门。

借：完工项目结余　　　　　　　　　　　　20 000
　　贷：银行存款　　　　　　　　　　　　20 000

【例 3.36】 有关移交事宜办完后，拨付尚欠工程款 15 万元。

借：应付账款——赣丰造林公司　　　　　　150 000
　　贷：银行存款　　　　　　　　　　　　150 000

【例 3.37】质保期期满后,质量无问题,拨付质量保证金 10 万元。

借:其他应付款——应付质量保证金——赣丰造林公司
               100 000
  贷:银行存款   100 000

【例 3.38】质保期满质量存在问题,预留的质量保证金转为完工项目结余。

借:其他应付款——应付质量保证金——赣丰造林公司
               100 000
  贷:专项应付款——国家综合农业开发林业项目
    资金   100 000

2. 自营工程的核算

【例 3.39】赣峰林业有限责任公司财政专户收到财政专户××期中央立项开发工程款 45 万元。

借:银行存款   450 000
  贷:专项应付款——国家综合农业开发林业项目
    资金   450 000

【例 3.40】购进苗木 5 万株(25 万元)、复合肥 200t(10 万元),以上材料验收入库后拨付货款。

借:原材料——苗木   250 000
  原材料——复合肥   100 000
  贷:银行存款   350 000

【例 3.41】低改造林补植,总预算 35 万元。领用材料:苗木 5 万株(25 万元)、复合肥 200t(10 万元)。

借:农业生产成本——种苗费——低效林改造项目
               250 000
  农业生产成本——材料费——低效林改造项目
               100 000

  贷：原材料——苗木   250 000
    原材料——复合肥   100 000

【例 3.42】 支付工程施工费用于 5 万元。

  借：农业生产成本——其他费用——低效林改造项目
                 50 000
    贷：银行存款（现金）   50 000

【例 3.43】 工程完工经验收合格，办理竣工决算，工程节约开支 5 万元。

 ① 借：公益性生物资产   400 000
    贷：农业生产成本——低效林改造项目 400 000
 ② 借：专项应付款——国家综合农业开发林业项目资金
                 450 000
    贷：资本公积——国家综合农业开发林业项目
      资金   450 000
 ③ 借：竣工工程   400 000
    贷：竣工工程基金   400 000

  注：若到年末工程尚未完工，年终只需结出单项工程支出累计数结转下年，待完工办理竣工工程决算后，再转入完工项目结余。

【例 3.44】 收到银行存款利息收入清单 2 万元。

  借：银行存款   20 000
    贷：财务费用——利息收入   20 000

三、将国家综合农业开发林业项目等资金的核算纳入营林企业会计核算体系

  由于营林企业的会计核算是按企业会计制度进行反映的，而国家综合农业开发资金的会计核算是按预算会计制度进行的。由

此可见，在一个企业既要实行企业会计制度，又要实行预算会计制度。一方面增加了会计人员的工作量，另一方面不利于营林企业进行生产经营管理和会计信息的汇总。随着国家对林业的重视，作为林业的生产经营管理企业，今后企业不仅将得到国家越来越多的财政补助资金，而且自身的生产经营项目也会越来越广泛，各种资金的核算将变得更加复杂。因此，有必要把相关的项目资金纳入统一的会计核算体系中。即在营林企业实行的现有会计科目和会计报表的基础上，适当增加二级和三级会计科目，同时为反映专项资金收支使用情况，增加国家综合农业开发林业项目资金等专项资金的专门会计报表，采取一套会计账簿两套甚至三套四套会计报表的方式。

可以在"专项应付款"会计科目下设置二级的"国家综合农业开发林业项目资金"科目等，在"农业生产成本"科目下增设"国家综合农业开发林业项目资金"二级科目，还可以在该二级科目下增设具体的项目名称作为三级核算科目。年末根据企业需要编制企业会计报表，根据项目资金管理需要和相关要求编制国家综合农业开发林业项目资金的项目资金报表，以满足农业开发部门、财政部门等项目管理相关部门的需要。

第五节　林业贷款贴息资金的核算

一、林业贴息贷款概述

（一）概念

随着人类对可持续发展认识的提高，对林业的需求发生了重大变化，国家对林业也越来越重视。特别是进入 21 世纪后，国家为大力发展林业，鼓励营林企业和林农加大对林业生产建设的投资，在全国建立了林业贷款贴息政策。

林业贴息贷款，是指各类银行（含农村信用社和小额贷款公司）向营林企业或林农发放的，符合国家林业扶持政策规定、具有专门用途的，由国家财政或地方财政贴息的贷款。

林业贷款贴息资金，是指中央财政或地方财政预算安排的，对林业贷款给予一定期限和比例的利息补贴。

（二）林业贴息贷款的种类

林业贴息贷款的种类很多，主要包括林业项目贷款、林业治沙贷款、山区综合开发项目贷款、营林企业多种经营贷款、营造林项目贷款、林业资源开发贷款、种苗育苗贷款、森林旅游项目贷款、工业原料林项目贷款、木本油料经济林项目贷款，以及其他以林业产权证抵押的涉林项目贷款等。

（三）国家对林业贷款贴息的政策规定

1. 贴息对象与贴息范围

中央财政或地方财政对符合以下条件之一的林业贷款予以贴息。

① 林业龙头企业以公司带基地、基地连农户的经营形式，立足于当地林业资源开发、带动林区、沙区经济发展的种植业、养殖业以及林产品加工业贷款项目。

② 各类经济实体营造的工业原料林、木本油料经济林以及有利于改善沙区、沙漠化地区生态环境的种植业贷款项目。

③ 国有林场（苗圃）、集体林场（苗圃）、国有森工企业为保护森林资源，缓解经济压力开展的多种经营贷款项目，以及自然保护区和森林公园开展的森林生态旅游项目。

④ 农户和林业职工个人从事的营造林、林业资源开发和林产品加工贷款项目。

2. 贴息率与贴息期限

① 对各省（自治区、直辖市、计划单列市）符合本办法规定条件的林业贷款，中央财政年贴息率为3%；对大兴安岭林业

集团公司和中国林业集团公司符合本办法规定条件的林业贷款，中央财政年贴息率为5%。

② 林业贷款期限3年以上（含）的，贴息期限为3年；林业贷款期限不足3年的，按实际贷款期限贴息。

对农户和林业职工个人营造林小额贷款，适当延长贴息期限。贷款期限5年以上（含）的，贴息期限为5年；贷款期限不足5年的，按实际贷款期限贴息。

农户和林业职工个人营造林小额贷款是指在贴息年度内（上年10月1日至当年9月30日，下同）累计额小于30万元（含）的营造林贷款。

③ 贴息资金采取分年据实贴息的办法。对贴息年度内贷款期限1年以上（含）的林业贷款，按全年计算贴息；对贴息年度内贷款期限不足1年的林业贷款，按贷款实际月数计算贴息。

3. 贴息项目计划的申报与管理

① 林业龙头企业、国有林场（苗圃）、集体林场（苗圃）、国有森工企业、自然保护区和森林公园等的贴息贷款项目，由项目单位向当地林业主管部门提出申请。林业部门商同级财政部门同意后，逐级审核申报，由省级林业部门会同财政部门负责审核汇总。

② 农户和林业职工个人小额贷款项目，由县级林业部门（国有森工企业）统一汇总，并以县级林业部门（国有森工企业）作为申报单位，商同级财政部门同意后，逐级审核申报，由省级林业部门会同财政部门负责审核汇总。

③ 省级林业部门会同省级财政部门负责本省林业贴息贷款项目计划的申请。经同级财政部门同意后，省级林业部门于每年12月31日之前，向国家林业局报送下年度林业贴息贷款计划申请报告和《林业贴息贷款项目计划备案表》。

④ 国家林业局根据各省上报的林业贴息贷款计划申请报告和备案项目、上一贴息年度林业贴息贷款计划落实和贷款项目管理等情况，提出本贴息年度各地林业贴息贷款计划方案，经财政

部同意后予以下达。

4. 贴息资金的审核与拨付

① 省级财政部门会同同级林业部门具体负责对申报贴息资金项目的贷款落实及其实施情况等进行审核，确定本省应向中央财政申请的贴息资金额，并于每年 10 月 31 日之前，向财政部报送本贴息年度贴息资金申请报告和《林业贷款中央财政贴息项目备案表》，并抄送国家林业局。

国家林业局负责对大兴安岭林业集团公司和中国林业集团公司申报贴息资金项目的贷款落实及其实施情况等进行审核，确定应向中央财政申请的贴息资金额，并于每年 10 月 31 日之前，向财政部报送本贴息年度贴息资金申请报告和《林业贷款中央财政贴息项目备案表》。

② 新疆生产建设兵团贷款项目比照"国有林场（苗圃）、集体林场（苗圃）、国有森工企业为保护森林资源，缓解经济压力开展的多种经营贷款项目，以及自然保护区和森林公园开展的森林生态旅游项目"执行；贴息率比照中央单位执行；贷款计划和贴息资金的申请参照"省级林业部门会同省级财政部门负责本省林业贴息贷款项目计划的申请。经同级财政部门同意后，省级林业部门于每年 12 月 31 日之前，向国家林业局报送下年度林业贴息贷款计划申请报告和《林业贴息贷款项目计划备案表》"的相关规定执行。

③ 财政部根据省级财政部门、新疆生产建设兵团、国家林业局的贴息资金申请报告和林业贷款项目落实情况，国家林业局下达的林业贴息贷款建议计划和贴息建议，审核确定贴息资金，及时下达预算文件，并按照财政国库管理制度有关规定支付资金。

5. 贴息资金的监督管理

① 地方财政和林业部门要切实加强对贴息资金的监督管理，层层负责，严格审查，确保贴息资金安全有效运行，并对林业贴息贷款项目实行公告、公示制度。

② 省级财政和林业部门于每年 3 月 31 日之前向财政部和国

家林业局报告上年度林业贷款贴息项目的效益情况和贴息资金的使用管理情况,填报《林业贴息贷款项目效益情况表》。

③ 贴息资金必须专款专用,对违反贴息资金使用规定,滞留、截留、挪用贴息资金,以及采用虚报、冒领等手段骗取贴息资金的单位和直接负责主管人员、其他直接责任人员,依据《财政违法行为处罚处分条例》有关规定处理。

二、林业贴息贷款的会计核算

【例3.45】 赣峰林业有限责任公司建设1个种苗基地3 000亩,并于2008年6月20日以本公司的1万亩山林权作抵押,向中国农业银行借入1 200万元,期限3年,年利率6.372%(国家基准利率为5.31%,上浮20%)。

借:银行存款　　　　　　　　　　　　12 000 000
　　贷:长期借款　　　　　　　　　　　　12 000 000

【例3.46】 赣峰林业有限责任公司2008年9月20日与12月20日分别向银行支付贷款利息191 160万元。

借:财务费用　　　　　　　　　　　　　　191 160
　　贷:银行存款　　　　　　　　　　　　　　191 160

【例3.47】 赣峰林业有限责任公司2009年3月10日,根据国家有关林权抵押贷款的贴息政策,向林业主管部门和财政部门申请财政贴息。4月26日,省财政厅会同省林业厅审核批准,同意对公司的林业贷款给予财政贴息2%,贴息期限2年。同时收到上年度的财政贴息12万元。

借:银行存款　　　　　　　　　　　　　　120 000
　　贷:财务费用　　　　　　　　　　　　　　120 000

【例3.48】 公司其他季度的利息支付和财政贴息的会计处理同【例3.46】和【例3.47】。

【例 3.49】 赣峰林业有限责任公司 2009 年 6 月 20 日归还第一期贷款本金 400 万元。

借：长期借款　　　　　　　　　　4 000 000
　　贷：银行存款　　　　　　　　　4 000 000

第六节　国有贫困林场扶贫资金

一、国有贫困林场扶贫资金的概念

国有贫困林场扶贫资金是指中央财政预算安排的，用于支持国有贫困林场扶贫开发的专项补助资金，是中央财政扶贫资金的组成部分。

国有贫困林场是指亏损或微利，基础设施薄弱，生产生活设施条件差，职工年人均收入低于当地农民平均水平，并以培育和保护生态公益林为主要任务的国有林场。

二、国有贫困林场扶贫资金的相关政策

国有贫困林场扶贫资金主要用于支持贫困林场改善生产生活条件，利用林场或当地资源发展生产。

（一）国有贫困林场扶贫资金的补助内容

① 基础设施建设：用于修建断头路、林场和职工危旧房改造、解决饮水安全、通电通话、电视接收设施等。

② 生产发展：用于发展种植业、养殖业、森林旅游业、林产品加工业及林副产品开发等。

③ 科技推广及培训：用于优良品种、先进实用技术的引进和推广、职工技能培训。

（二）国有贫困林场扶贫资金不得用于下列支出

① 机构、人员经费；
② 各种奖金、津贴和福利补助；
③ 弥补经营性亏损；
④ 修建楼堂馆所；
⑤ 大中型基建项目；
⑥ 小轿车、手机等交通工具及通信设备；
⑦ 其他与本办法第三条使用规定不相符的支出。

（三）国有贫困林场扶贫资金的申报与管理

① 省（自治区、直辖市）的林业主管部门应会同财政部门立足当地的国有林场改革与发展要求，按照统筹兼顾、突出重点、科学论证的原则编制本区域的国有贫困林场扶贫开发规划。

② 国家林业局会同财政部根据年度贫困林场扶贫重点、各省（自治区、直辖市）贫困林场状况及上年度林场扶贫资金使用管理情况，确定每年补助给各省（自治区、直辖市）的林场扶贫资金额度，由财政部下达资金，同时抄送国家林业局和省级林业主管部门。

③ 林场扶贫资金实行省级项目管理。国有贫困林场申请林场扶贫资金补助，需编制项目文本，并按隶属关系逐级上报到省级林业主管部门。

④ 各省（自治区、直辖市）林业主管部门根据中央财政补助的林场扶贫资金额度，会同财政部门共同审核确定本区域的年度林场扶贫资金项目及补助金额。各省（自治区、直辖市）林场扶贫资金项目应在收到财政部下达的年度林场扶贫资金文件后一个月之内确定并及时下拨资金。

⑤ 各省（自治区、直辖市）财政部门会同林业主管部门根据实际需要可在林场扶贫资金总额中按不高于 1.5% 的比例提取项目管理费，用于贫困林场编报项目、省级林业主管部门和财政

部门进行项目评估论证、检查验收、信息公开等方面支出。省级以下林业主管部门、财政部门和贫困林场不得再从林场扶贫资金中提取有关管理费用。

⑥ 林场扶贫资金下达到各省（自治区、直辖市）后，要纳入各省（自治区、直辖市）财政国库统一管理，分账核算。林场扶贫资金实行报账制，执行本省（自治区、直辖市）制定的财政扶贫资金报账制管理办法。

⑦ 林业主管部门和项目实施单位应加强项目管理，实行项目法人负责制，有条件的实行监理制。凡属于政府采购的支出，按有关规定实行政府采购。

⑧ 各省（自治区、直辖市）林业主管部门和财政部门负责组织对贫困林场实施的林场扶贫资金项目进行竣工验收。

三、国有贫困林场扶贫资金的核算

（一）会计科目设置

国有贫困林场为加强扶贫资金的核算，需设置"专项应付款——国有贫困林场扶贫资金"科目。

本科目用于核算贫困林场收到拨入的扶贫资金及其增减变动情况。借方反映贫困林场扶贫项目资金的使用情况。贷方反映贫困林场收到省级财政部门拨入的项目报账款。期末借方余额表示扶贫项目已经实施发生的成本费用支出，但尚未向财政部门报账或已申请报账而暂未收到报账款。期末贷方余额表示尚未使用完或未完成竣工结算的扶贫资金。

（二）会计核算举例

信林国有林场是一个具有50多年林木采育历史的营林林场，林场现有在职职工163人，下岗职工109人，离退休人员96人，自有山林面积5万余亩，联营山林面积20万亩。其中经认定为国家级生态公益林的山林面积为 10 万亩，省级生态公益林 5 万亩。近几年的林木年砍伐量为 10 000~15 000m³。2009 年 3 月份经省林业厅向省财政厅申报国有贫困林场扶贫资金，用于林场职工宿舍危房改造。经省林业厅会同省财政厅审批，同意林场职工宿舍危房改造项目，补助资金 40 万元。

【例 3.50】信林国有林场为做好职工宿舍危房改造工程，先期向省财政厅申请拨付工程启动资金 6 万元，款项于 4 月 2 日到账。

借：银行存款　　　　　　　　　　　　　60 000
　　贷：专项应付款——国有贫困林场扶贫资金（职工宿舍危房改造）　　　　　　　60 000

【例 3.51】信林国有林场 4 月 3 日支付设计费用 5 000 元。

借：专项应付款——国有贫困林场扶贫资金（职工宿舍危房改造）　　　　　　　5 000
　　贷：银行存款　　　　　　　　　　　　 5 000

【例 3.52】信林国有林场 4 月 8 日预付安心施工队工程款 5 万元。

借：预付账款——安心施工队　　　　　　 50 000
　　贷：银行存款　　　　　　　　　　　　50 000

【例 3.53】信林国有林场 4 月 26 日预付安心施工队工程款 15 万元。

借：预付账款——安心施工队　　　　　　150 000
　　贷：银行存款　　　　　　　　　　　 150 000

【例 3.54】信林国有林场 5 月 18 日购置太阳能热水器 10 台，价格为 45 000 元。

借：专项应付款——国有贫困林场扶贫资金（职工宿舍危房改造）　　　　　　　45 000

貸：银行存款 45 000

【例 3.55】 信林国有林场 5 月 26 日对职工宿舍危房改造工程进行预验收，施工方开具工程发票共计 35 万元。林场根据工程完工情况编制结算书，并向省财政厅申请报账 80% 款项，扣除前期预付款，6 月 1 日收到项目报账款 26 万元。

① 应付施工队工程余款。

借：专项应付款——国有贫困林场扶贫资金（职工宿
　　舍危房改造） 350 000
　　貸：预付账款——安心施工队 200 000
　　　　应付账款——安心施工队 150 000

② 收到报账款。

借：银行存款 260 000
　　貸：专项应付款——国有贫困林场扶贫资金（职
　　　　工宿舍危房改造） 260 000

③ 扣除 10% 的质保金后，支付工程款。

借：应付账款——安心施工队 115 000
　　貸：银行存款 115 000

④ 省财政厅与林业厅联合验收工作组对职工宿舍危房改造工程进行验收，符合工程技术要求，同意竣工验收。并按期支付项目余款。

借：银行存款 80 000
　　貸：专项应付款——国有贫困林场扶贫资金（职
　　　　工宿舍危房改造） 80 000

⑤ 工程质保到期，无质量问题，同意支付质保金。

借：应付账款——安心施工队 35 000
　　貸：银行存款 35 000

第四章 林业生产成本核算

第一节 林业生产成本核算概述

一、成本核算对象

林业生产包括种子、苗木、木材生产等，其主要产品有种子、苗木、原木、原竹、水果、干果、干胶（或浓缩胶乳）、茶叶、竹笋等。林木按用途一般可分为用材林、经济林、防护林、薪炭林、特种用途林5类，不同用途、不同产品的林木应分别核算成本。林木按生产阶段一般可分为种苗、造林抚育、采割3个阶段，不同阶段的林木也应分别核算成本。

1. 种苗成本核算对象

种子应按树种分别归集费用，核算种子成本；育苗阶段应按树种、育苗方式、播种年份分别归集费用，核算育苗成本。

2. 造林抚育成本核算对象

消耗性林木资产和公益林根据企业管理的需要，可按照小班、林种、树种等归集费用，核算造林抚育成本。

3. 木材生产成本核算对象

按木材采伐运输方式、品种、批别及其生产过程等，根据企业管理的需要归集费用，核算木材生产成本。

4. 其他林产品成本核算对象

按照收获的品种、批别、生产过程等，根据企业管理需要归集费用、核算收获品的成本。

二、成本计算期

各阶段林木成本计算的截止时间不同。育苗阶段算至出圃时；造林抚育阶段，消耗性林木资产和公益林算至郁闭成林前；采割阶段，林木采伐算至原木产品，橡胶算至加工成干胶或浓缩胶乳，茶算至各种毛茶，其他收获活动算至其他林产品入库。

三、成本项目

一般而言，林业企业需要在每个成本核算对象中设置直接材料、直接人工、机械作业费、其他直接费、制造费用等成本项目。也可以根据管理需要自行设置成本项目。具体的成本核算项目可以包括以下内容。

1. 直接材料

林业企业生产经营中实际耗用的自产或外购的种子、种苗、肥料、地膜、农药等。林业生产中耗用的直接材料在发生时直接计入林业生产成本对象成本。

2. 直接人工

林业企业的直接人工是指直接从事林业生产人员的工资、工资性津贴、奖金、福利费等。林业企业从事林业生产人员的人工费用，包括直接机械作业人员的人工费用，发生时直接计入林业生产成本对象成本。

3. 机械作业费

林业企业林业生产中的机械作业费是指生产过程中进行整地费、种植费、施肥、喷药等机械作业所发生的费用支出。如机械人员的人工费用、燃料费用、维修费用、林业机械折旧费等。

当发生机械作业费时,对于能够应由哪种林业生成成本对象负担的机械作业费直接计入该林业生产成本对象的生产成本,对于不能区分的,可以采用一定方法分配计入林业生产成本对象的生产成本,如以作业面积或机器工时为标准进行分配计入。

4. 其他直接费

林业企业林业生产过程中发生的其他直接费用是指除直接材料、直接人工和机械作业费以外的其他直接费用,如灌溉费等。其他直接费发生时直接计入林业生产成本对象成本。

5. 制造费用

林业企业生产中的制造费用是指应摊销、分配计入各农产品的间接费用,如林业生产中发生的管理人员工资及福利费、办公用固定资产的折旧费、维修费等。

发生上述费用,能够区分属于某种产品负担的,先在制造费用中归集,然后计入该种林产品成本;不能区分的,可以采用一定方法分配,如按照造林面积等分配费用。

此外,林业企业为林业生产服务的辅助生产车间,在提供自制工具、备件、供电、供水修理等过程中发生的费用,先在"农业生产成本——辅助生产成本"中归集,然后直接计入或分配计入"农业生产成本""制造费用"账户。

第二节 种苗生产成本核算

一、林木种子生产成本核算

林木种子是育苗造林的物质基础。种子的质量和数量直接影响到更新造林的进展与成效。林木种子生产一般包括种子收购、自营采集加工和在林木良种基地(种子园或母树林)培育3种方式。

1. 核算内容

林木种子生产核算自原果采集到原果加工完成的生产费用，以及应负担的林木良种基地的培育成本和采收期的管护费用。这个过程可以分为原果采集（含收购）和原果加工两个阶段。

原果采集（含收购）阶段，核算由结实调查到球果验收入库（或到晾晒场）前各生产工序发生的费用，以及应负担的林木良种基地的培育成本和采收期的管护费用。

原果加工阶段，核算包括干燥脱壳、精选包装到纯子入库各工序发生的费用。

林木种子的生产成本，应按树种区分生产阶段进行核算。

2. 林木种子生产成本核算方法

林木种子生产以生产周期为成本计算期，成本费用计算至种植入库，以千克为计量单位，采用分批法计算产品成本。

产品完成验收入库后，其成本由原果采集和原果加工两阶段平行结转转入完工产品成本。

林木种子通常由成熟生产性生物资产（母树）生产。林木种子生产处于农产品收获阶段，发生的成本费用主要有：直接材料、直接人工、机械作业费、生产性生物资产累计折旧和其他直接费用等。

【例4.1】某林业局种子站2009年8月在种子采集杉木原果50 000kg至晾晒场，支付采集工资10 000元，应计提福利费1 400元，耗用材料1 600元。

杉木原果经干燥、脱壳、精选包装，生产种子4 000kg，已验收入库，支付工资2 000元，计提福利费280元，耗用材料1 720元，以银行存款支付委托加工费1 000元。

该种子林木培育成本（含成熟生产性生物资产账面原值）200 000元，按预计采收10年平均计提折旧。当年发生的种子林管护费用1 000元，以银行存款支付。

同时,该种子站收购红松种子 2 000kg,支付收购款 30 000 元,收购杉木种子 1 000kg,支付价款 16 000 元。

该站当年发生各项管理费用(制造费用)14 000 元。

要求:计算该种子站的种子产品成本。

杉木种子成本计算如下:

第一步,归集生产费用,登记"林木种子生产费用明细账"(表 4-1、表 4-2)。

表 4-1 林木种子生产费用明细账

产品别:杉木种子　　　　2009 年 8 月　　　　单位:kg、元
阶段别:原果采集　　　　　　　　　　　　　数量:50 000kg

2009 年		凭证号	摘要	直接材料	直接人工	其他直接费	制造费用	合计
月	日		耗用直接材料	1 600				1 600
8			直接人工费		11 400			11 400
8			母树林折旧费				20 000	20 000
8			管护费用				1 000	1 000
8			费用合计	1 600	11 400		21 000	34 000

表 4-2 林木种子生产费用明细账

产品别:杉木种子　　　　2009 年 8 月　　　　单位:kg、元
阶段别:原果加工　　　　　　　　　　　　　数量:4 000kg

2009 年		凭证号	摘要	直接材料	直接人工	其他直接费	制造费用	合计
月	日		耗用直接材料	1 720				1 720
8			直接人工费		2 280			2 280
8			委托加工费			1 000		1 000
8			收购成本	16 000				16 000
			费用合计	17 720	2 280	1 000		21 000

(1) 原果采集阶段

① 支付、分配原果采集工资并计提福利费。

借：农业生产成本——种子生产成本——原果采集——
　　　杉木——直接人工　　　　　　　　　11 400 元
　　贷：应付职工薪酬——工资　　　　　　10 000 元
　　　　应付职工薪酬——职工福利费　　　 1 400 元
借：应付职工薪酬——工资　　　　　　　　10 000 元
　　贷：银行存款　　　　　　　　　　　　10 000 元

② 领用或购买耗用的材料费。

A. 领用材料。

借：农业生产成本——种子生产成本——原果采集——
　　　杉木——直接材料　　　　　　　　　 1 600 元
　　贷：原材料　　　　　　　　　　　　　 1 600 元

B. 购买材料直接用于种子生产。

借：农业生产成本——种子生产成本——原果采集——
　　　杉木——直接材料　　　　　　　　　 1 600 元
　　贷：银行存款　　　　　　　　　　　　 1 600 元

(2) 原果加工阶段

① 原果加工支付工资计提福利费。

借：农业生产成本——种子生产成本——原果加工——
　　　杉木——直接人工　　　　　　　　　 2 280 元
　　贷：应付职工薪酬——工资　　　　　　 2 000 元
　　　　应付职工薪酬——职工福利费　　　　 280 元
借：应付职工薪酬——工资　　　　　　　　 2 000 元
　　贷：银行存款　　　　　　　　　　　　 2 000 元

② 原果加工领用或购买耗用的材料费。

A. 领用材料。

借：农业生产成本——种子生产成本——原果加工——
　　　杉木——直接材料　　　　　　　　　 1 720 元

  贷：原材料 　　　　　　　　　　　　　　1 720 元
 B. 购买材料直接用于种子生产。
 借：农业生产成本——种子生产成本——原果加工——
   杉木——直接材料　　　　　　　　1 720 元
  贷：银行存款　　　　　　　　　　　　　1 720 元
 ③ 支付委托加工费。
 借：农业生产成本——种子生产成本——原果加工——
   杉木——其他直接费　　　　　　　1 000 元
  贷：银行存款　　　　　　　　　　　　　1 000 元
 （3）计提当年母树林折旧、支付当年管护费用
当年母树林折旧 = 200 000 ÷ 10 = 20 000 元
 借：农业生产成本——种子生产成本——原果采集——
   杉木——制造费用　　　　　　　　21 000 元
  贷：生产性生物资产累计折旧　　　　　20 000 元
    银行存款　　　　　　　　　　　　1 000 元
 （4）收购种子成本核算
 借：农业生产成本——种子生产成本——原果加工——
   杉木　　　　　　　　16 000 元（1 000kg）
   农业生产成本——种子生产成本——原果加工——
   红松　　　　　　　　30 000 元（2 000kg）
  贷：银行存款　　　　　　46 000 元
  第二步，按照种子生产成本直接分配种子站管护费用 14 000 元（表 4-3）

表 4-3　制造费用分配表

2009 年 8 月　　　　　　　　　　　　　　　单位：元

成本对象	直接成本	分配比例（％）	分配金额
杉木原果采集	34 000.00	16.47	5 599.80
杉木原果加工	21 000.00	16.47	3 458.70

(续)

成本对象	直接成本	分配比例（%）	分配金额
红松原果加工	30 000.00	16.47	4 941.50
合计	85 000.00	—	14 000.00

借：农业生产成本——种子生产成本——原果采集——
　　杉木——制造费用　　　　　　　　　　5 599.80 元
　　农业生产成本——种子生产成本——原果加工——
　　杉木——制造费用　　　　　　　　　　3 458.70 元
　　农业生产成本——种子生产成本——原果加工——
　　红松——制造费用　　　　　　　　　　4 941.50 元

第三步，根据"林木种子生产费用明细账"资料和制造费用分配表，编制"林木种子成本计算单"（表 4-4），并据以结转完工入库林木种子成品成本。

表 4-4　林木种子成本计算单

2009 年 8 月　　　　　　　　　　　　　　单位：元

树种别	生产阶段	产量（kg）	直接材料	直接人工	其他直接费	制造费用	合计
杉木	采集	—	1 600	11 400		26 599.80	39 599.80
	加工	—	17 720	2 280	1 000	3 458.70	24 458.70
	总成本	5 000.00	19 320	13 680	1 000	30 058.50	64 058.5
	单位成本		3.8640	2.7360	0.200	6.0117	12.811 7
红松	总成本	2 000.00	30 000			4 941.50	34 941.50
	单位成本	—	15			2.470 8	17.470 8

借：农产品——林木种子——杉木纯子　64 058.50 元
　　农产品——林木种子——杉木纯子　34 941.50 元
　贷：农业生产成本——种子生产成本——原果采
　　　集——杉木　　　　　　　　　　　39 599.80 元

> 农业生产成本——种子生产成本——原果加
> 工——杉木　　　　　　　　24 458.70 元
> 农业生产成本——种子生产成本——原果加
> 工——红松　　　　　　　　34 941.50 元

二、苗木生产成本核算

苗木生产产品——种苗通常作为苗木产品出售或用于本企业营林抚育阶段的种苗继续生产。按照"生物资产准则"的规定,我们认为应将其划分为消耗性生物资产进行会计核算。

1. 苗木生产成本核算的对象与内容

苗木生产成本核算,以育苗方式(大田、温室、容器、苗床、换床、育大苗等)区分树种为成本核算对象,核算由整地作床起至苗木出圃止的累计生产成本。

出圃苗木的选苗、查数、打小捆、临时假植的费用计入苗木成本。捆包、运输的费用由用苗单位负责。

越冬窖藏、假植的苗木仍在原树种的账面上反映,视同在床苗木,不计算完工产品成本。所发生的入窖、运沙、出入土和临时假植的费用等,仍计入该树种成本。第二年苗木出窖出圃时,再计算和结转完工成品成本。

2. 苗木生产成本核算的方法

苗木生产成本日常发生的育苗作业成本首先计入"农业生成成本——苗木生产成本"科目,苗木出圃时转入"消耗性生物资产"科目。

1 年生苗木,采用简单法计算育苗作业成本和出圃苗木生产成本。按树种、育苗方式归集的年度总费用,即是该苗木的总成本。其单位成本计算公式如下:

某树种苗木单位面积培育成本 = 该树种育苗总费用÷该树种

苗木面积

某树种出圃苗木千株成本=该树种育苗总费用÷该树种苗木产量（千株）

多年生苗木，采用今年累计平均法计算育苗作业累计总成本和单位成本。生产费用在各育苗方式间采用分项结转法结转。起用苗木和在床苗木之间采用约当产量进行分配，其计算公式如下。

某树种起用苗木千株成本=该树种育苗总费用÷[该树种起用苗木产量（千株）+在床苗木约当产量]

某树种起用种苗总成本=该树种起用种苗数量（千株）×该树种起用种苗千株成本

在床种苗约当产量=在床种苗数量×约当比例

约当比例可采用培育年限系数法、定额成本法、计划成本法等方法计算，其计算公式如下。

约当比例=在床苗木实际培育年限（或在床苗木定额成本、计划成本）÷起用苗木培育年限（或在床苗木定额成本、计划成本）

对于1年插条多年割条的母本林苗木生产，第一年在产品只计算直接材料费，其他费用均有完工苗木（萌条）负担，第二年培育成本及上年转来的种苗费，均由完工产品负担，掘根整地费用由最后年度完工产品负担。

【例4.2】 某林场以大田生产方式培育杉木苗。2009年5月该林场大田培育杉木苗木累计生产费用如表4-5苗木生产成本明细账所示。该林场本年出圃3年生杉木苗木900千株，年末在床杉木苗2年生1 065千株，1年生1 170千株。该林场采用培育年限系数法计算在床苗木的约当产量。杉木苗木生产费用的直接材料费，按实际产量比例在出圃苗木与在床苗木之间进行分配，其他费用按约当产量比例分配。说明多年生苗木生产费用，在出圃苗与在床苗之间分配。

根据表 4-5 的记录，2009 年 5 月登记苗木生产成本明细账的会计分录如下。

表 4-5　苗木生产费用明细账

树种：杉木　　　　　　　2009 年 5 月　　　　　　　　　单位：元
作业方式：大田

2009 年		凭证号	摘要	直接材料	直接人工	其他直接费	制造费用	合计
月	日							
5			期初结转	14 400	12 000	3 200	9 600	39 200
5			种子费	2 606				2 606
5			材料费	1 450				1 450
5			肥料农药	900				900
5			育苗工资		13 000			13 000
5			福利费		1 820			1 820
5			种子处理费	124				124
5			委托灌溉费			1 500		1 500
5			分配制造费用				1 500	1 500
5			本期发生额	5 080	14 820	1 500	1 500	22 900
5			生产费用合计	19 480	26 820	4 700	11 100	62 100
5			完工成品成本	5 592.34	12 069	2 115	4 995	24 771.34
5			期末在产品成本	13 887.66	14 751	2 585	6 105	37 328.66

借：农业生产成本——苗木生产成本——杉木

　　　　　　　　　　　　　　　　　　22 900 元

　　贷：原材料——种子　　　　　　　2 606 元

　　　　　　——材料　　　　　　　　1 450 元

　　　　　　——肥料农药　　　　　　　900 元

　　　　　　——种子处理　　　　　　　124 元

应付职工薪酬——工资　　　　13 000 元
　　　　　　——福利费　　　　1 820 元
制造费用　　　　　　　　　　1 500 元
银行存款　　　　　　　　　　1 500 元

第一步，计算在床苗木的约当产量。

1 年生在床苗木的约当产量 = 1 170 × 1/3 = 390（千株）

2 年生在床苗木的约当产量 = 1 065 × 2/3 = 710（千株）

第二步，根据大田杉木"苗木生产成本明细账"的成本费以及产量等资料，编制"杉木苗木成本计算单"见表 4-6，计算出苗圃杉木苗木成本。

表 4-6　杉木苗木成本计算单

树种：杉木　　　2009 年 5 月

作业方式：大田　　　　　　　　　　　　单位：千株、元

项目	实际产量	约当产量	直接材料	直接人工	其他直接费	制造费用	合计
期初在产品成本			14 400	12 000	3 200	9 600	39 200
本期生产费用			5 080	14 820	1 500	1 500	22 900
生产费用合计	3 135	2 000	19 480	26 820	4 700	11 100	62 100
单位成本（千株）			6.21	13.41	2.35	5.55	27.52
完工成品成本	900		5 592.34	12 069	2 115	4 995	24 771.34
期末在产品成本		1 100	13 887.66	14 751	2 585	6 105	37 328.66

借：消耗性生物资产——杉木苗木　　24 771.34 元
　　贷：农业生产成本——苗木生产成本——杉木
　　　　　　　　　　　　　　　　　　24 771.34 元

第三节 营林生产成本核算

一、营林生产成本核算概述

1. 营林生产成本的概念

营林生产成本是指为当年造林、抚育、次生低产林改造、营林设施、森林管护及调查设计等郁闭成林前发生的各项营林生产作业所耗费的生产费用,包括直接工资、直接材料、委托生产费、其他直接生产费,郁闭成林后发生的管护费用列入营林企业营业费用。根据规定,营林成本按照制造成本法核算,不包括场部管理费用和财务费用。它是进行林木资产价值量核算的基础。

在进行营林成本核算时,既要满足考核营林生产作业成本计划执行情况的需要,又要满足分类核算林木资产成本的需要。

2. 营林生产成本的核算对象和内容

营林生产成本对象应分为消耗性生物资产(用材林、竹林、薪炭林、特种用途林)、公益性生物资产(防护林)和生产性生物资产(经济林)等三类,并进一步以营林生产造林、抚育生产的作业项目以及林木管护的管护项目为对象,分别核算各生产作业项目作业成本和各管护项目的年度费用。

为便于将造林、抚育、低产林改造的费用支出,归属于其所培育的林木资产,在进行造林、抚育、低产林改造等营林生产作业项目成本归集时,应区分林种(用材林、经济林、竹林、薪炭林、特种用途林、防护林)和树种进行核算。

营林生产成本核算的具体内容,区分为造抚作业成本和森林管护费用两类。

(1)造抚作业成本

造抚作业成本分设林种(用材林、经济林、竹林、薪炭林、特种用途林、防护林）核算。林种以下分"造林"和"抚育"归集有关作业项目的生产费用，计算作业成本。会计科目按如图4-1所示营林生产成本会计科目结构图的层次结构进行设置。

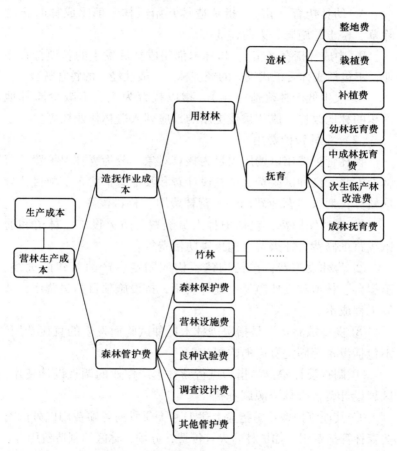

图4-1 营林生产成本会计科目结构图

① 造林是指当年完工的造林作业，按下列作业项目归集费用，计算作业成本。

A. 整地（亩），包括各种类型的整地，如劈山、炼山、挖穴、开垦整地等。

B. 栽植（亩），包括耗用的苗木、种子。

C. 补植（折合亩），包括补苗和必要的整地费。

② 抚育划分为3个作业项目归集费用，计算作业成本。

A. 幼林抚育（亩），指新造林开始至林木郁闭成林时止的除草、松土、施肥、灭萌作业等。

B. 中成林抚育（亩），指林木郁闭成林后发生的各项抚育作业，不包括成林后正式投产的经济林、一般性经营的竹林抚育。

C. 次生低产林改造（亩），指以抚育为主、不减少原林地面积的林地改造。成片采伐更新的，应列入造林作业核算。

（2）森林管护费用

森林管护费用以费用项目为核算对象，分为森林保护费、营林设施费、良种试验费、调查设计费和其他管护费5个项目，分项核算，列入"营业费用——营林费用"科目核算。

① 森林保护费：包括护林人员经费、防火设施、林道和通讯线路维修费、扑火费、病虫害防治费等。

② 营林设施费：包括构建不构成固定资产的新建防火线、瞭望台、林道和其他简易设施等费用，按设施项目归集费用，计算工程成本。

③ 良种试验费：是指引进林木良种试验而发生的直接费用，不包括设备等固定资产的购置。

④ 调查设计费：是指为进行营林生产作业的调查设计费用、区划设计费、森林资源调查费。

⑤ 其他管护费：是指除上述①~④项所列各项费用以外的有关森林管护费用，如护林防火宣传费，分场、林区的制造费用等。

年度终了，在归集了年度营林费用支出后，应按受益对象将森林管护费用分配给各林种、树种的林木成本。

3. 营林生产成本的计算期

营林生产作业是一种季节性的生产作业，例如，秋整地、春植苗等，每年规律性地重复进行。所以，营林生产作业成本计算，应按年度进行，分别核算各年度营林生产作业项目的成本。

二、营林生产成本核算

1. 营林生产成本明细科目的设置

营林生产成本明细科目的设置，应根据成本核算对象的内容设置明晰分类科目，进行营林生产作业成本明细分类核算。例如，可以按如图 4-1 所示的科目级别进行营林生产成本会计科目的设置，一般采用多栏式明细账。

造抚作业成本在按林种开设"农业生产成本——营林生产成本"科目时，用材林、竹林可分别"造林""抚育"设置两个明细科目；经济林则应按主要树种分别开设科目。营造速生丰产林的林场，可在所属林种下增设相应的明细科目。

管护费用应按照森林保护费、营林设施费、良种试验费、调查设计费、其他管护费等进行分类核算。

2. 营林生产成本的归集和结转

营林生产应负担的各项直接费用，应在费用发生时直接记入"农业生产成本——营林生产成本"科目及其有关明细科目；营林生产应负担的制造费用，应于各月末由"制造费用"科目转入"农业生产成本——营林生产成本"科目各明细科目中。

营林企业营林生产所负担的管理费用、经济林培育达到预定生产目的后发生的林木管护支出，不计入营林生产成本。

年度终了，在归集年度营林生产所应负担的全部生产费用的基础上，应将营林生产成本分配给营林生产所培育和管护的林木生产成本，并在林木资产郁闭或达到预定生产经营目的时转入相关资产成本。

营林生产的造林、抚育、低产林改造等作业项目，是按照所培育的林种、树种进行明细核算的，根据明细核算资料就可以归类计算林种、树种的本年造抚成本。

营林生产的管护费用，是企业为管护全部林木而发生的支出,应区分不同情况,按本年所管护的各类各种林木的面积比例分配,计入各类各种林木生产成本。

营林发生的管护费用,应区别不同情况进行会计处理。

(1) 郁闭成林前林木资产的管护费用的会计处理

对于企业的林木资产在郁闭成林前(或达到预定生产经营目的前)发生的管护费用,直接计入相关林木资产的实际成本。成熟生产性生物资产达到预定生产经营目的前应负担的管护费用,在发生当期计入农业生产成本,借记"农业生产成本"科目,贷记"现金""银行存款""原材料"等科目。公益林、消耗性林木资产郁闭成林前发生的管护费用,应借记"农业生产成本"科目,贷记"现金""银行存款""原材料"等科目。

(2) 郁闭成林后林木资产的管护费用的会计处理

对于企业的林木资产在郁闭成林后(或达到预定生产经营目的后)发生的管护费用应按照不同情况进行会计处理。

成熟生产性生物资产达到预定生产经营目的后应负担的管护费用,在发生当期计入农业生产成本,应借记"农业生产成本——××林产品",贷记"现金""银行存款""原材料"等科目。

公益林和消耗性林木资产郁闭成林后应负担的管护费用,应首先计入"营业费用"科目。发生相关费用时,应借记"营业费用"科目,贷记"现金""银行存款""原材料"等科目。其中公益林郁闭成林后的管护费用,在办理了核销审批手续时,应借记"专项应付款"科目,贷记"营业费用"科目。

三、营林生产成本核算举例

【例4.3】某林场2009年度发生如下经济业务,根据这些经济业务核算2009年度营林生产成本。该林场2009年管护林木面积为:用材林5 000hm^2,其中杉木4 000hm^2,松木

$1\,000hm^2$,防护林$40hm^2$,2009年新造柑橘林$10hm^2$。营林生产费用明细表见表4-7,营林管护费用分配表见表4-8,营林生产成本计算单见表4-9。

表4-7 营林生产费用明细表

2009年12月31日　　　　　　　　　　单位:元

林种	树种	作业项目	直接材料	直接人工	其他直接费	制造费用	总成本
用材林	杉木	造林	50 000.00	42 000.00	5 000.00	8 000.00	105 000.00
	杉木	成林抚育		40 000.00	2 000.00	3 000.00	45 000.00
××	××	森林保护费		300 000.00	30 000.00	20 000.00	350 000.00
××	××	营林设施费	100 000.00	20 000.00	20 000.00	10 000.00	150 000.00
××	××	良种试验费	3 000.00	1 000.00		1 000.00	5 000.00
		合计	153 000.00	403 000.00	57 000.00	42 000.00	655 000.00

表4-8 管护费用分配表

2009年12月31日

林种	树种	面积(hm^2)	分配率(%)	分配金额(元)
用材林	杉木	4 000		400 000
用材林	松木	1 000		100 000
防护林		40		4 000
经济林	柑橘	10		1 000
合计		5 050	100	505 000

表4-9 营林生产成本计算单

2009年12月31日　　　　　　　　　　单位:元

林种	树种	造抚成本	管护费用	总成本
用材林	杉木	150 000	400 000	550 000
用材林	松木		100 000	100 000
防护林			4 000	4 000
经济林	柑橘		1 000	1 000
合计		150 000	505 000	655 000

① 发生材料费

借：农业生产成本——营林生产成本——杉木——造林
　　　　　　　　　　　　　　　　　　　　　　50 000 元
　　营业费用——营林费用——营林设施费　100 000 元
　　营业费用——营林费用——良种试验费　　3 000 元
　　贷：原材料　　　　　　　　　　　　　153 000 元

② 发生工资费用

借：农业生产成本——营林生产成本——杉木——造林
　　　　　　　　　　　　　　　　　　　　　　42 000 元
　　营业费用——营林费用——成林抚育费　 40 000 元
　　营业费用——营林费用——森林保护费　300 000 元
　　营业费用——营林费用——营林设施费　 20 000 元
　　营业费用——营林费用——良种试验费　　1 000 元
　　贷：应付职工薪酬　　　　　　　　　　403 000 元

③ 准备作业费

借：农业生产成本——营林生产成本——杉木——造林
　　　　　　　　　　　　　　　　　　　　　 5 000 元
　　营业费用——营林费用——成林抚育费　　2 000 元
　　营业费用——营林费用——森林保护费　 30 000 元
　　营业费用——营林费用——营林设施费　 20 000 元
　　贷：农业生产成本——准备作业　　　　 57 000 元

④ 制造费用分配

借：农业生产成本——营林生产成本——杉木——造林
　　　　　　　　　　　　　　　　　　　　　 8 000 元
　　营业费用——营林费用——成林抚育费　　3 000 元
　　营业费用——营林费用——森林保护费　 20 000 元
　　营业费用——营林费用——营林设施费　 10 000 元
　　营业费用——营林费用——良种试验费　　1 000 元

贷：制造费用　　　　　　　　　　　42 000 元
　⑤ 将郁闭成林前发生的营林管护费用结转入有关生产成本账户中
　　借：农业生产成本——营林生产成本——杉木——造林
　　　　　　　　　　　　　　　　　　　　400 000 元
　　　　农业生产成本——营林生产成本——松木——造林
　　　　　　　　　　　　　　　　　　　　100 000 元
　　　　农业生产成本——营林生产成本——防护林
　　　　　　　　　　　　　　　　　　　　　4 000 元
　　　　农业生产成本——柑橘　　　　　　1 000 元
　　　贷：营业费用——营林费用　　　　505 000 元
　⑥ 将营林生产成本转入林木资产中
　　假定表4-8中的松木1 000hm^2和防护林40hm^2已经郁闭成林，并在2009年末经过成林验收，10hm^2柑橘经济林在2009年末达到了预定生产经营目的。因此，应该将上述营林生产成本转入相关林木资产中。假定1 000hm^2松木、40hm^2防护林和10hm^2柑橘经济林2009年前累计的营林生产经营成本分别为3 400 000元、146 000元和139 000元，那么，结转林木资产成本的会计分录如下。
　　① 结转林木资产
　　借：消耗性林木资产——松木
　　　　　　　3 500 000 元（=3 400 000+100 000）
　　　贷：农业生产成本——营林生产成本——松木
　　　　　　　3 500 000 元
　　借：公益性生物资产　150 000 元　（=146 000+4 000）
　　　贷：农业生产成本——营林生产成本——防护林
　　　　　　　150 000 元
　　借：成熟生产性生物资产——柑橘
　　　　　　　140 000 元（=1 000+139 000）

贷：农业生产成本——营林生产成本——柑橘

140 000 元

② 结转公益林基金

借：专项应付款（或资本公积） 150 000 元

贷：公益林基金 150 000 元

四、森林管护费用核算举例

【例 4.4】 某林场某月发生营林材料费 35 550 元，其中，护林防火材料费 23 600 元，病虫害防治材料费 7 750 元，森林调查设计材料费 4 200 元；人员工资 127 800 元，其中，护林防火工资 82 500 元，病虫害防治工资 7 200 元，营林调查设计工资 38 100 元，通过银行支付营林设施维修费 72 000 元；分配营林造林费用 41 300 元。

① 支付材料费

借：营业费用——营林费用——护林防火费

23 600 元

营业费用——营林费用——病虫害防治费

7 750 元

营业费用——营林费用——森林调查设计费

4 200 元

贷：原材料 35 550 元

② 分配工资

借：营业费用——营林费用——护林防火费 82 500 元

营业费用——营林费用——病虫害防治费

7 200 元

　　　　营业费用——营林费用——森林调查设计费
　　　　　　　　　　　　　　　　　　38 100 元
　　　贷：应付职工薪酬——工资　　　127 800 元
③ 计提职工福利费
借：营业费用——营林费用——护林防火费 11 550 元
　　营业费用——营林费用——病虫害防治费
　　　　　　　　　　　　　　　　　　1 008 元
　　营业费用——营林费用——森林调查设计费
　　　　　　　　　　　　　　　　　　5 334 元
　　　贷：应付职工薪酬——福利费　　17 892 元
④ 支付营林设施费
借：营业费用——营林费用——营林设施费 72 000 元
　　　贷：银行存款　　　　　　　　　72 000 元
⑤ 分摊制造费用
借：营业费用——营林费用——营林制造费用
　　　　　　　　　　　　　　　　　　41 300 元
　　　贷：制造费用　　　　　　　　　41 300 元
⑥ 编制营林费用分配表

该企业按受益对象将营林费用分配给各树种生产成本，该企业营林总面积 85 000 亩，其中，天然林 64 000 亩，按树种划分为落叶松 35 000 亩，红松 25 000 亩，杨树 25 000 亩，该企业上述树种均郁闭成林。按受益树种面积分配营林费用编制营林费用分配表，见表 4-10。

表 4-10　营林费用分配表

树　种	面积（亩）	分配率	分配额（元）
落叶松	35 000		121 282
红　松	25 000		86 630
杨　树	25 000		86 630
合　计	85 000	3.465 2	294 542

> 借：消耗性生物资产——落叶松　　　121 282 元
> 　　消耗性生物资产——红松　　　　86 630 元
> 　　消耗性生物资产——杨树　　　　86 630 元
> 　　贷：营业费用——营林费用　　　294 542 元

第四节　原木生产成本核算

一、原木生产成本核算特点

原木生产是对林木进行采伐，并将木材运至贮木场或其他销售地的生产过程。原木生产是多阶段、连续式的大量生产，原木产品一般经过采伐、集材、运材和贮木等生产阶段，才能成为可供出售的产品。

二、原木生产成本核算对象和成本计算方法

确定原木生产成本的核算对象，应根据原木生产工艺的组织特点以及企业经济管理的需要来确定，一般情况下采用平行结转法进行成本核算。

原木生产成本包括从采伐、收购起，经过不同方式集材、运材，到达最终贮木场或销售点归楞，可供销售为止的全部生产费用。

为了正确归集计算和利于分析考核，应以原木生产阶段为核算对象。生产阶段一般划分为伐区生产、运材和贮木场阶段。各生产阶段核算内容如下。

1. 伐区生产阶段

指从原木采伐开始，经集材到指定的集材地归楞，并将原木装上运材工具止的各项生产作业。此阶段核算采伐、集材、装车的成本。收购林农交售的原木的收购价，也在本阶段核算。

2. 运材阶段

指原木从集材地运到最终贮木场或指定的原木卸车地止的全部生产作业。此阶段核算原木运输过程中所发生的费用。企业应根据运输方式的不同分别核算，如水路运材、汽车运材和森铁运材等。

3. 贮木场阶段

指从原木卸车起，经造材、选材到归楞止的生产作业。此阶段核算卸车、搬运、造材、选材和归楞的生产费用。

如果原木生产组织是一条龙混合生产作业，也可以不划分生产阶段进行核算，直接以原木产品为成本核算对象。

用平行结转分步法计算原木生产成本，如图4-2所示。

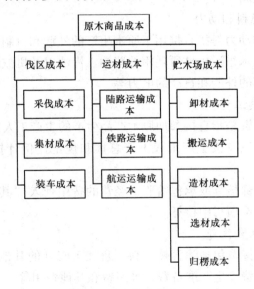

图 4-2 平行结转分步法

三、原木生产的成本项目

1. 直接材料

直接材料是指直接用于原木生产的外购和自制原料、材料、燃料和动力，以及其他直接材料等。

（1）收购价及林价

收购价及林价包括①收购乡村集体或林农的原木价款；②企业采伐集体或林农所有林所支付的林价（山价）款；③采伐林木按规定结转的林木培育成本；④实行林价制度的国有森工企业按规定计入原木成本的林价。

（2）辅助材料

辅助材料是指直接用于原木生产的外购和自制的材料，包括列入原木生产成本的生产工人对设备和道路进行日常保养和维护所耗用的材料。

（3）燃料和动力

燃料和动力是指直接用于原木生产的外购和自制的燃料和动力，包括原木采运机械所耗用的柴油、汽油以及机械设备和生产照明所耗用的外购和自产的电力等。

2. 直接工资

直接工资是指直接参加原木产品生产的生产工人工资、奖金和津贴等，以及按生产工人工资总额和规定比例计提的职工福利费。

实行内部核算或承包给职工经营的费用列入"其他直接费"项目，不在本项目中核算。

3. 其他直接费

其他直接费包括除直接材料、直接工资外的其他直接支出，如委托生产费、生产准备费、维简费和其他费用等。

（1）委托生产费

委托生产费是指委托外单位或个人从事产品生产所支付的费用。

（2）生产准备费

生产准备费是指为产品生产而提前进行的生产准备作业费用，包括集材道、临时性架空索道（不包括绞盘机）、装车架杆、装车场、楞场、简易车库、牛马棚、帐篷架设、简易房舍、森铁岔线、简易公路等的修建费用。属于构成准备作业工程的钢丝绳、滑车等的摊销费用也包括在内，但不包括属于固定资产的帐篷和流动钢轨的价值。

(3) 维简费

维简费是指按规定标准和原木产品产量在生产成本中提取的伐区道路延伸费。

(4) 林业保护建设费

林业保护建设费征收范围包括：木材、竹材。林业保护建设费由木竹经营单位或收购单位在销售环节按规定标准向所在地林业行政主管部门缴纳。农村集体（不含乡镇企业）和林农销售的木竹免征。

(5) 其他费用

其他费用是指不属于上述各项的其他直接费。

4. 制造费用

制造费用是指基层生产单位为组织和管理生产所发生的生产单位管理人员工资、职工福利费、固定资产折旧费、租赁费（不包括融资租赁费）、修理费、机物料消耗、低值易耗品摊销、降温取暖费、水电费、差旅费、运输费、保险费、设计制图费、试验检验费、劳动保护费、修理期间的停工损失以及其他费用。

四、原木生产费用的归集和分配

由于林业企业的年伐量是按照森林经营的轮伐期确定的，年度间的常量变化不大。为此规定准备作业费和制造费用均采用当年发生、当年计入产品成本的办法，以反映当年的实际支出。年度内，由于作业的季节性，上述费用可以按年度计划的每立方米成本计划待摊或预提，并于年末冲平差额。费用的分配原则如下：

由于原木生产为单一产品的生产，生产费用在按用途和发生地点归集后，没有必要做过多的内部分配，规定准备作业费和制造费用分别列入伐区、运材和贮木场完成产品的阶段成本，阶段内不再分配。

为正确核算原木产品成本，加强在产品管理的经济责任制，原木产品成本中的伐区成本只能是运抵贮木场的部分，不能按伐区运出的产量计算。因此，应计算运材阶段的原木产品成本，对途中的掉道材由运材部门建账管理。运材产品只计算伐区成本，不包括运输费用。

林业企业一般实行企业（或总场）与林场（或分场）两级成本核算。林场（或分场）核算本单位发生的成本费用，企业（或总场）核算维简费和待摊预提费用，并汇总核算全部原木产品生产成本。基层生产单位日常按生产要素组织核算的，应由企业在汇总时合并为成本项目。

为了获得完整的原木成本核算资料，林业企业财务部门应将原木生产采、运、贮各基层生产单位报送的成本报表和企业机关直接发生的有关费用进行必要的整理和汇总，最终计算原木采运生产的商品成本。

原木验收入库时，借记"农产品——××原木"科目，贷记"农业生产成本——原木生产成本"科目。

五、木材生产成本核算举例

【例 4.5】某林业采育林场某月采伐原木 5 682m^3，收购林农原木 5 385m^3，经济业务如下：

1. 木材采伐生产

① 结转采伐原木 5 682m^3 的林木培育成本 309 260.55 元。

借：农业生产成本——原木采伐生产成本

309 260.55 元

　　　　　贷：消耗性生物资产——××树　　309 260.55 元
　　② 采伐原木修集材道、楞场等准备作业费 604 904.27 元，其中工资 221 340.76 元，计提福利费 30 987.70 元，结转材料费 352 575.81 元。
　　　　借：农业生产成本——原木采伐生产成本
　　　　　　　　　　　　　　　　　　　604 904.27 元
　　　　　贷：应付职工薪酬——工资　　221 340.76 元
　　　　　　　应付职工薪酬——福利费　 30 987.70 元
　　　　　　　原材料　　　　　　　　　352 575.81 元
　　③ 采伐原木 5 682m^3，支付工资 441 611.00 元，计提福利费 61 825.64 元。
　　　　借：农业生产成本——原木采伐生产成本
　　　　　　　　　　　　　　　　　　　503 436.64 元
　　　　　贷：应付职工薪酬——工资　　441 611.00 元
　　　　　　　应付职工薪酬——福利费　 61 825.64 元
　　④ 委托农村农户将采伐原木运送至公路边，支付委托费 76 455.68 元。
　　　　借：农业生产成本——原木采伐生产成本
　　　　　　　　　　　　　　　　　　　　76 455.68 元
　　　　　贷：其他应付款　　　　　　　 76 455.68 元
　　⑤ 采伐原木生产按规定标准提取育林费 337 617.62 元。
　　　　借：农业生产成本——原木采伐生产成本
　　　　　　　　　　　　　　　　　　　 337 617.62 元
　　　　　贷：育林基金　　　　　　　　337 617.62 元
　　⑥ 采伐原木生产按规定支付林业保护建设费 28 410 元。
　　　　借：农业生产成本——原木采伐生产成本　 28 410 元
　　　　　贷：育林基金　　　　　　　　　　　　28 410 元

2. 原木收购生产

① 收购原木生产代扣农业特产税 57 260 元，代扣教育费附加 1 145.20 元。

借：农业生产成本——原木收购生产成本
　　　　　　　　　　　　　　　　58 405.20 元
　　贷：应缴税费——应交农业特产税　57 260.00 元
　　　　其他应交款——教育费附加　　 1 145.20 元

② 代扣迹地更新费 13 462.50 元，林业生产保证金 53 850.00 元，代扣护林防火费 107 770 元。

借：农业生产成本——原木收购生产成本
　　　　　　　　　　　　　　　　175 082.50 元
　　贷：专项应付款——迹地更新费　　13 462.50 元
　　　　　　　　——林业生产保证金 53 850.00 元
　　　　　　　　——护林防火费　　107 770.00 元

③ 代扣养路费 26 925 元，代扣联营体管理费用 13 790.00 元。

借：农业生产成本——原木收购生产成本
　　　　　　　　　　　　　　　　40 715.00 元
　　贷：其他应付款——养路费　　　26 925.00 元
　　　　其他应付款——联营体管理费用
　　　　　　　　　　　　　　　　13 790.00 元

④ 支付林农原木价款 235 137.31 元。

借：农业生产成本——原木收购生产成本
　　　　　　　　　　　　　　　　235 137.31 元
　　贷：库存现金　　　　　　　　235 137.31 元

⑤ 返回乡镇收购价 38 755.89 元。

借：农业生产成本——原木收购生产成本
　　　　　　　　　　　　　　　　38 755.89 元

  贷：银行存款   38 755.89 元
  ⑥ 委托某汽车运输企业将收购原木运至贮木场，支出运费 39 070.33 元。
  借：农业生产成本——原木收购生产成本
              39 070.33 元
   贷：银行存款   39 070.33 元
  ⑦ 按规定计提维简费 213 313.81 元。
  借：农业生产成本——原木收购生产成本
              213 313.81 元
   贷：维简费   213 313.81 元
  ⑧ 按规定提取育林费 319 970.48 元。
  借：农业生产成本——原木收购生产成本
              319 970.48 元
   贷：维简费   319 970.48 元
  ⑨ 按规定将林业保护费 26 925.00 元计入原木收购成本。
  借：农业生产成本——原木收购生产成本
              26 925.00 元
   贷：专项应付款——林业保护费 26 925.00 元
  3. 车间费用
  该采育场为采伐原木和收购原木共发生制造费用 453 654.83 元，按规定原木采伐生产分摊 312 599.65 元，原木收购生产分摊 141 055.18 元。
  借：农业生产成本——原木采伐生产成本
              312 599.65 元
    农业生产成本——原木收购生产成本
              141 055.18 元
   贷：制造费用   453 654.83 元

【例 4.6】 某森工企业原木生产采取伐区、运材和贮木场三段生产作业，林场原木 4 640m³，全部由汽车队运抵贮木场，经济业务如下：

1. 伐区阶段

（1）准备作业费

林场修建集材道 16km，支出工资 32 000.00 元，福利费 4 480.00 元，材料费 6 720.00 元，合计 43 200.00 元。

借：农业生产成本——伐区生产成本——准备作业
            43 200.00 元
  贷：应付职工薪酬——工资 32 000.00 元
    应付职工薪酬——福利费 4 480.00 元
    原材料   6 720.00 元

（2）直接生产费用

林场生产原木 4 640m³，共支出 149 500.00 元，其中工资 89 700.00 元，福利费 12 558.00 元，材料费 16 042.00 元，燃料费 31 200.00 元。

借：农业生产成本——伐区生产成本——直接生产费用
            149 500.00 元
  贷：应付职工薪酬——工资 89 700.00 元
    应付职工薪酬——福利费 12 558.00 元
    原材料   47 242.00 元

（3）机械修理费用

该林场检修点支出 6 500.00 元，其中材料及修理费用配件 3 650.00 元，工资 2 500.00 元，福利费 350.00 元，修理费用按检修工时分配，其中原木生产 1 480 工时，营林生产 520 工时。

① 费用发生时

借：农业生产成本——辅助生产成本——机械修理费用
            6 500.00 元

贷：应付职工薪酬——工资　　　　　2 500.00元
　　　　应付职工薪酬——福利费　　　　350.00元
　　　　原材料　　　　　　　　　　　3 650.00元
　② 分配修理费用
　按修理工时分配修理费用
　　原木生产分配系数 = 1 480 ÷ (1 480 + 520) = 0.74
　　营林生产分配系数 = 520 ÷ (1 480 + 520) = 0.26
　原木生产应分配修理费用 = 6 500 × 0.74 = 4 810.00元
　营林生产应分配修理费用 = 6 500 × 0.26 = 1 690.00元
　　借：农业生产成本——伐区生产成本——机械修理费用
　　　　　　　　　　　　　　　　　　4 810.00元
　　　　农业生产成本——营林生产成本——机械修理费用
　　　　　　　　　　　　　　　　　　1 690.00元
　　　贷：农业生产成本——辅助生产成本——机械修
　　　　理费用　　　　　　　　　　　6 500.00元
（4）制造费用
　　林场本月制造费用支出 216 060.00 元，其中，工资 32 000.00 元，福利费 4 480.00 元，消耗材料 82 000.00 元，折旧费 15 500.00 元，通过现金支付差旅费、办公费等 82 080.00 元。月末按直接材料费用比例分摊制造费用，原木生产分摊 139 230.00 元，营林生产分摊 76 830.00 元。
　① 费用发生时
　　借：制造费用　　　　　　　　　　216 060.00元
　　　贷：应付职工薪酬——工资　　　　32 000.00元
　　　　　应付职工薪酬——福利费　　　4 480.00元
　　　　　原材料　　　　　　　　　　82 000.00元
　　　　　累计折旧　　　　　　　　　15 500.00元
　　　　　库存现金　　　　　　　　　82 080.00元

② 制造费用分摊时

借：农业生产成本——伐区生产成本——制造费用
  139 230.00 元
  农业生产成本——营林生产成本——制造费用
  76 830.00 元
贷：农业生产成本——辅助生产成本——制造费用
  216 060.00 元

（5）平行结转本月运出的原木生产成本（伐区生产成本转入原木生产成本）

借：农业生产成本——原木生产成本 336 740.00 元
贷：农业生产成本——伐区生产成本 336 740.00 元

2. 运材阶段

汽车队本月从伐区运到贮木场原木 4 640m³（1 m³ = 1t），平均运距 80km，客货运输 4 000t，平均运距 60km。基本生产支出 130 358.00 元，其中材料 27 100.00 元，修理用备件 33 000.00 元，燃料 47 800.00 元，工资 19 700.00 元，福利费 2 758.00 元。汽车修理费支出 99 340.00 元，其中材料及配件 80 000.00 元，燃料及动力 14 780.00 元，工资 4 000.00 元，福利费 560.00 元。车间经费支出 47 868.00 元，其中材料费 4 500.00 元，燃料费 9 000.00 元，工资 8 000.00 元，福利费 1 232.00 元，折旧费 21 000.00 元，以现金支付差旅费及办公费等支出 1 336.00 元。经济业务处理如下：

（1）计算原木和客货运输的 t/km

  原木运输 = 4 640m³ × 80km = 371 200t/km
  客货运输 = 4 000t × 60km = 240 000t/km

（2）计算原木、客货运输分配系数

原木运输分配系数 = 371 200 ÷ (371 200 + 240 000) = 0.61

客货运输分配系数 = 240 000 ÷ (371 200 + 240 000) = 0.39

(3) 基本生产核算

① 费用发生时

借：农业生产成本——采运生产成本——混合成本
　　　　　　　　　　　　　　　　130 358.00 元
　贷：原材料　　　　　　　　　　107 900.00 元
　　　应付职工薪酬——工资　　　 19 700.00 元
　　　应付职工薪酬——福利费　　 2 758.00 元

② 分配基本生产费用

借：农业生产成本——采运生产成本——运材成本
　　　　　　　79 518 元（130 358×0.61）
借：农业生产成本——采运生产成本——客货运输成本
　　　　　　　50 840 元（130 358×0.39）
　贷：农业生产成本——采运生产成本——混合成本
　　　　　　　130 358 元

(4) 修理费用核算

① 费用发生时

借：农业生产成本——辅助生产成本——混合成本
　　　　　　　　　　　　　　　　 99 340.00 元
　贷：原材料　　　　　　　　　　 94 780.00 元
　　　应付职工薪酬——工资　　　 4 000.00 元
　　　应付职工薪酬——福利费　　　 560.00 元

② 分配修理费用

借：农业生产成本——采运生产成本——运材成本
　　　　　　　60 597 元（99 340×0.61）
借：农业生产成本——采运生产成本——客货运输成本
　　　　　　　38 743 元（99 340×0.39）

貸：农业生产成本——辅助生产成本——混合成本
　　　　99 340 元

(5) 车间经费核算

① 费用发生时

借：制造费用　　　　　　　　　　　47 868.00 元
　　贷：应付职工薪酬——工资　　　　 8 000.00 元
　　　　应付职工薪酬——福利费　　　 1 232.00 元
　　　　原材料　　　　　　　　　　　13 500.00 元
　　　　累计折旧　　　　　　　　　　21 000.00 元
　　　　库存现金　　　　　　　　　　 1 336.00 元

② 分配车间经费

借：农业生产成本——采运生产成本——运材成本
　　　　29 199 元 (47 868×0.61)
借：农业生产成本——采运生产成本——客货运输成本
　　　　18 669 元 (47 868×0.39)
　　贷：制造费用　　47 868 元

(6) 平行结转本月采运成本

借：农业生产成本——原木生产成本　 169 314.00 元
　　贷：农业生产成本——采运生产成本 169 314.00 元
借：其他业务支出　　　　　　　　　　108 252 元
　　贷：农业生产成本——采运生产成本——客货运
　　　　输成本　　　　　　　　　　　108 252 元

3. 贮木场阶段

贮木场生产为混合劳动组织型生产，装车和归楞使用同一机械设备。贮木场本月基本生产 4 640m³，发送装车原木 2 354m³。发生有关费用如表 4-11 所示，生产定额有关数据如表 4-12 所示。

表4-11　贮木场生产费用表

××××年××月　　　　　　　　　　　　　　　　单位：元

费用项目	基本生产作业	车间管理	修理作业
材料费	9 822	2 250	2 750
工　资	19 200	6 600	4 710
福利费	2 688	924	659
燃　料		366	1 261
差旅费/办公费		2 420	
合　计	31 710	12 560	9 380

表4-12　生产定额表

××××年××月

生产作业项目 ①	工时定额（日）②	台班定额（m³/台班）③	修理工时（工时）④	作业量（m³）⑤	台班数（台班）⑥=⑤÷③	工日分配系数 ⑦=②÷∑②	修理分配系数 ⑧=④÷∑④
原木生产	1 878	116	225	4 640	40	0.91	0.75
发送装车	192	107	75	2 354	22	0.09	0.25
合计	2 070	—	300	6 994		1.00	1.00

（1）贮木场基本生产作业

① 基本生产作业费用发生时

借：农业生产成本——贮木场生产成本——混合成本
　　　　　　　　　　　　　　　　31 710 元
　　贷：原材料　　　　　　　　　　　9 822 元
　　　　应付职工薪酬——工资　　　19 200 元
　　　　应付职工薪酬——福利费　　 2 688 元

② 分配基本生产作业费用

A. 按定额台班数分配材料费

$$\text{原木生产应分配材料费} = 9\,822 \times 40 \div (40 + 22) = 6\,337 \text{ 元}$$

$$\text{发送装车应分配材料费} = 9\,822 \times 22 \div (40 + 22) = 3\,485 \text{ 元}$$

B. 按生产工日分配工资及福利费

原木生产应分配材料费 = (19 200 + 2 688) × 0.91 = 19 918 元

发送装车应分配材料费 = (19 200 + 2 688) × 0.09 = 1 970 元

借：农业生产成本——贮木场生产成本——贮木场原木生产成本　　26 255 元
借：农业生产成本——贮木场生产成本——贮木场发送装车生产成本　　5 455 元
　　贷：农业生产成本——贮木场生产成本——混合成本　　31 710 元

（2）修理费用核算

① 发生修理费用时

借：农业生产成本——辅助生产成本　　9 380 元
　　贷：原材料　　4 011 元
　　　　应付职工薪酬——工资　　4 710 元
　　　　应付职工薪酬——福利费　　659 元

② 分配修理费用

借：农业生产成本——贮木场生产成本——贮木场原木生产成本　　7 035 元
借：农业生产成本——贮木场生产成本——贮木场发送装车生产成本　　2 345 元
　　贷：农业生产成本——辅助生产成本　　9 380 元

（3）车间经费核算

① 发生车间经费时

借：制造费用　　12 560 元
　　贷：应付职工薪酬——工资　　6 600 元
　　　　应付职工薪酬——福利费　　924 元
　　　　原材料　　2 616 元

库存现金　　　　　　　　　　　　　　　　2 420 元
　② 分配车间经费
　　借：农业生产成本——贮木场生产成本——贮木场原
　　　　木生产成本　　　　　　　　　　　　　11 430 元
　　借：农业生产成本——贮木场生产成本——贮木场发
　　　　送装车生产成本　　　　　　　　　　　 1 130 元
　　　贷：制造费用　　　　　　　　　　　　　12 560 元
　（4）平行结转贮木场本月生产成本
　　借：农业生产成本——原木生产成本　　　　44 720 元
　　　贷：农业生产成本——贮木场生产成本——贮木
　　　　　场原木生产成本　　　　　　　　　　44 720 元
　　借：其他业务支出　　　　　　　　　　　　 8 930 元
　　　贷：农业生产成本——采运生产成本——贮木场
　　　　　发送装车生产成本　　　　　　　　　 8 930 元
　4. 原木生产成本汇总表

表 4-13　原木生产成本计算单

产量：4 640 m³　　　　×××年××月　　　　单位：元

作业阶段	准备作业费	机械修理费	直接生产费	制造费	合计
伐　区	43 200	4 810	149 500	139 230	336 740
运　材		60 597	79 518	29 199	169 314
贮木场		7 035	26 255	11 430	44 720
总成本	43 200	72 442	255 273	179 859	550 774
单位成本	9.31	15.61	55.02	38.76	118.70

第五章
林副产品采割生产成本核算

第一节 橡胶生产成本核算

橡胶生产过程包括割胶生产、制胶生产和停割期抚育管理3个生产作业阶段。橡胶生产处于橡胶产品收获阶段，收获的农产品——橡胶应负担割胶、制胶和停割期抚管三个生产作业阶段的成本费用。

一、割胶生产核算

割胶生产在"农业生产成本——农产品——鲜胶乳"科目进行核算。割胶阶段的主产品是鲜胶乳，副产品有胶丝、胶块、胶泥等，胶园间种其他作物的收入计入副产品价值。计算鲜胶乳的成本时，应按干含比例折合为标准胶产量进行计算。

发生的直接材料费、工资及福利费、其他直接费、橡胶树折旧费、制造费等成本费用，在橡胶开割期间发生的，按费用项目直接列入割胶生产成本。在停割期间发生的，则在"农业生产成本——农产品——开割树停割期间抚管费用"科目中归集，季度或年终决算时按一定比例分配转入"农业生产成本——农产品——鲜胶乳"科目。

鲜胶乳生产总成本由直接割胶费用、分摊转入的开割树抚育管理费、计提的橡胶树折旧费用以及分配计入的制造费用等组成。鲜胶乳成本计算至鲜胶乳送交收胶站为止。收胶站费用列入鲜胶乳成本。其计算公式如下：

$$\text{标准胶单位成本} = \left(\text{鲜胶乳生产总成本} - \text{副产品价值}\right) \div \text{鲜胶乳折合干胶产量}$$

二、制胶生产核算

制胶生产主要是指鲜胶乳加工成各种干胶产品。其成本核算是计算干胶的加工总成本和单位加工成本。

干胶产品包括标准胶、浓缩胶乳、胶清片、绉片等。干胶加工成本算至交到仓库为止，浓缩胶乳成本算至装罐为止。在核算中，如果各种干胶产品所发生的加工费用是基本分开的，可按照加工产品分别设账进行单独核算；如果是分不开的，可统一设"农业生产成本——农产品——干胶产品"科目，但对其中某些专用的材料（如浓缩胶乳专用的氧化锌、促进剂等）在成本明细项目上要单独登记。其计算公式如下：

$$\text{干胶加工总成本} = \text{制胶费用} + \text{折旧费} + \text{制造费用} + \text{摊销的停割期间费用}$$

干胶加工单位成本 = 干胶加工总成本 ÷ 加工干胶总产量

三、停割期间费用的核算

停割期是指从当年冬季停割起至翌年春季开割时止的时期。停割期费用包括开割胶园的冬春管理投入的人工费用以及肥料、农药等费用，为开割做准备的割胶工具用具的补充和对胶工进行培训的费用，胶厂设备的检修费用等。停割期费用较大，一般集中发生在 1~3 月份。为了合理计算季度或月份干胶产品的生产成本，对停割期发生的费用应在期末按一定的比例在各季度

（月份）干胶产品中分摊。

停割期费用分为开割树停割期抚管费用和制胶厂停产期费用。

开割树停割期抚管费用主要包括开割胶园在停割期发生的人工费、肥料、农药、工具用具等。未全部开割的林段，以一个定植年度或林段为单位计算，平均开割率达到50%以上的视为全部开割投产，其抚管费用计入鲜胶乳成本；开割率未达到50%的，其抚管费用计入营林成本，其割胶费用计入鲜胶乳成本。

制胶厂停产期间费用主要是指停产后，对机器设备进行维护所发生的人工费和材料费。

开割树停割期抚育管理费用和胶厂停产期间费用的摊销，一般每个季度分摊一次（如实行按月决算则需要按月分配摊销）。季度决算摊销时，可按年度计划产量和账面实际费用的总额计算分配计入本期割胶费用成本，年终余额不论多少，全部转入割胶费用账户。季度摊销计算公式如下：

某成本项目摊销额 = 摊销率 × 该成本项目抚育管理费用总额

摊销率 = 本期计划（或实际）产量 ÷ 全年计划产量

开割树停割期抚育管理费用和胶厂停产期间费用的摊销一律按费用项目还原计入割胶或制胶的成本项目。

四、干胶产品成本的计算

标准胶（烟胶片）、浓缩乳胶、胶清片的生产成本由鲜胶乳成本和加工成本组成，绉片的生产成本由原材料（胶丝、胶块等）成本和加工费组成，只有一种产品的，其鲜胶乳成本和加工成本直接结转，有两种以上产品的，其鲜胶乳成本和加工成本则需按一定比例划转。鲜胶乳成本按标准胶、浓缩胶乳、胶清片的产量比率结转，加工成本中明确属于某一产品耗用材料和费用应直接划转，属于共同耗用的按其产量的比率划转。各种产品的

比率,季度计算时按本季度的产量比率结转,年度结算时按全年产量比率调整。基本计算公式如下:

某种胶(标准胶)生产成本 = 鲜胶乳成本 + 加工成本

五、其他林木生产成本计算的参考公式

某树种苗木单位面积培育成本 = 该树种生产费用 ÷ 该树种苗木面积(hm^2)

某树种出圃苗木单株成本 = 该树种出圃苗木总成本 ÷ 该树种苗木产量(株)

经济林的培育成本 = 成熟前经济林木造林抚育成本 + 成熟前经济林管护费用

消耗性林木资产的培育成本 = 郁闭成林前消耗性林木资产造林抚育成本 + 郁闭成林前消耗性林木资产管护费用

消耗性林木资产的原木生产成本 = 采伐的消耗性林木资产培育成本(或账面价值) + 原木采运成本

第二节 松香成本核算

松香是自然界中产量最大的天然树脂,具有优良的物理和化学性质,如防腐、防潮、绝缘和光亮等,是造纸、涂料、油墨、火柴、橡胶、电器、医药、纺织、有机合成等许多工业不可缺少的原料。

松香的成本核算包括采脂和松脂加工成本核算两部分。

一、采脂的成本核算

在松脂树干上定期地、有规律地开割割口,并收集从割口流

出的松脂的作业称为采脂。采脂的方法分为常法采脂和化学采脂两种。

采脂的成本核算按自采松脂和收购松脂分别组织核算,其中:自采松脂按常法采脂和化学采脂分别核算松脂的采集运输成本。采用化学药剂涂抹在割口刺激松树,促进多分泌松脂而发生的材料和人工费用,应采取待摊的方法,分期摊入以后各期的松脂成本。收购松脂包括收购价及运输费、装卸费等费用。

松脂的采集和收购费用均应通过"农业生产成本——松香采脂成本"账户核算,计算产品的总成本和单位成本,期末转入"农产品——松脂"账户。

二、松脂的加工成本核算

松脂主要由固体的树酯酸和液体的氯烯类化合物两部分组成。松脂不能直接使用,只有纯净的松香和松节油才能在工业上利用。松脂加工的目的就是将松脂中的松香和松节油分离,并除去其中的杂质和水分,以制得纯净的松香和松节油。松脂加工主要有滴水法和蒸汽加工法两种方法,应分别组织成本核算。

1. 滴水法的成本核算

滴水法是以整个松脂生产过程为一个成本核算对象,归集所发生的全部生产费用,计算产品的总成本和单位成本,故可采用成本计算的"简单法"计算产品成本,有关成本计算的规定如下:

① 将松脂原料成本计入蒸馏车间成本,外购的应包括原价、运杂费及卸车费等费用。

② 将辅助生产部门(供水、电、汽和修理)的生产费用,按规定方法分配计入蒸馏车间成本。

③ 蒸馏车间的生产费用,按原油、中油、重油和松香的产值在各产品之间分配。

2. 蒸汽加工法的成本核算

松脂蒸汽加工法是分溶解、净制和蒸馏3道工序进行的生产,成本计算宜采用"逐步结转的分步法",上一阶段转入下一阶段的半成品成本,一律按成本项目结转,以简化成本还原手续。

如果生产规模较小,生产的连续性很紧密,也可不分生产步骤,采用成本计算的"简单法"计算产品成本。

第六章 经济林采收成本核算

第一节 经济林成本核算概述

一、经济林核算的意义

经济林,又称特种经济林、特用经济林。经济林是以生产果品、油料、工业原料和药材、树叶等产品为主要目的的林木,如以生产苹果、山楂、核桃、油茶、橡胶、桑叶和花椒等产品为优势树种的林分。随着我国林业生产产业结构的不断调整,营林企业逐步改革传统的单纯取材的森林经营方式,综合立体开发森林资源,经济林的种植面积随之逐年增加。特别是随着林区多种经营生产的迅速发展,不断开发荒山荒地营造经济林,使经济林收入成为林区多种经营收入的一个重要来源。

二、经济林核算的特点

1. 经营目的不同

经营经济林具有不同于用材林和公益林的特点。其经营目的是为了生产各种果品、油料或为其他林产品提供生产基地。因此,营造经济林必须要考虑市场需求和价格变动等因素,进行投资概算和经济效益测算等，经过充分的可行性论证后，方能营造。事前预测成为经济林核算的重要内容。

2. 生产工艺有别

经济林营造的工艺虽然与一般更新林大体相同，但其生产工艺有别，要求标准高。如要求全面整地，还要追加施肥、浇水和锄草等经营措施，集约经营程度高。因此，营造经济林比一般更新造林核算项目多，作业次数多，经济业务发生频繁。

3. 配套设施齐全

营造经济林，一般要修建房屋、围栏和机井等配套设施，还要修建道路和简易房舍等，为经济林的培育和采收林产品提供服务设施，在核算中要注意区分固定资产和生产费用支出的界限，正确计算林产品成本。

4. 投入产出核算的特殊性

经济林一般 3~5 年便可达到生产经营目的，然后进入采收期。一次性种植，多年管理，多年收益。因此，必须高度重视经济林的抚育管理，及时施肥、除草、修叉剪枝和病虫害防治等。必须正确归集经济林的培育成本和林产品采收期间的生产费用，合理摊销经济林的培育成本，正确计算林木产品成本。

5. 资金渠道不一

营造经济林，有的是企业营林部门营造，其资金来源于育林基金；有的是多种经营生产单位营造，其资金来源于自有资金、集资或贷款；有的则是个人出资营造。根据不同的资金来源，正确组织经济林的培育成本核算，以及收益分配的核算等。

三、经济林成本核算

（一）经济林成本核算办法

农业企业是作为生产性生物资产核算和管理，其营造培育支出在"生产性生物资产——未成熟生产性生物资产"科目核算，到经济林采收时列转"生产性生物资产——成熟生产性生物资产"科目。在经济林采收期间,按采收期计提经济林折旧。经济林报废时,比照消耗性生物资产处置处理。部分营林企业比照农业企业关于经济林的会计核算办法,将经济林作为固定资产管理和核算。具体核算办法如下。

1. 经济林培育成本核算

经济林的培育成本,应通过"农业生产成本——营林生产成本"科目核算整地、植苗和幼林抚育等生产作业成本,通过"营林费用"科目核算病虫害防治等营林管护费用支出,于期末或经济林达到预期经营目的验收合格前结转"生产性生物资产——未成熟生产性生物资产"科目,在经济林达到与其经营目的验收合格后转入"生产性生物资产——成熟生产性生物资产"科目。

2. 经济林采收成本核算

经济林进入采收期以后,其抚育管护成本(包括直接材料、直接人工等)直接计入林产品成本。

经济林行间种植蔬菜或其他作物所发生的费用,应由蔬菜或其他作物的产品负担。

① 林产品收获过程中发生的直接材料、直接人工等直接费用,直接计入相关成本核算对象,借记"农业生产成本——农产品"科目,贷记"库存现金""银行存款""原材料""应付职工薪酬""生产型生物资产累计折旧"等科目。

② 生产性生物资产累计折旧的核算参考本书第二章第三节生物资产的后续计量,此处略。

③ 林产品收获过程中发生的间接费用,如材料费、人工费、生产性生物资产的折旧费用等应分摊的共同费用,应当在生产成本归集,借记"农业生产成本——共同费用"科目,贷记"库存现金""银行存款""原材料""应付职工薪酬""生产型生物资产累计折旧"等科目;在会计期末按一定的分配标准,分配计入有关的成本核算对象,借记"农业生产成本——农产品",

贷记"农业生产成本——共同费用"科目。

实务中，常用的间接费用分配方法通常以直接费用或直接人工为基础，直接费用比例法以生物资产或农产品相关的直接费用为分配标准，直接人工比例法以直接从事生产的工人工资为分配标准，其公式为：

$$\text{间接费用分配率} = \frac{\text{间接费用总额}}{\text{分配标准(即直接费用总额或直接人工总额)}} \times 100\%$$

$$\text{某项生物资产或农产品应分配的间接费用额} = \text{该项资产相关的直接费用或直接人工} \times \text{间接费用分配率}$$

除此之外，还可以直接材料、生产工时等为基础进行分配，企业可以根据实际情况加以选用。

④ 经济林产品生产的特点是在一年中有停割停采期。例如，橡胶有停割期，果、桑、茶等有停采期。为了较精确地计算产品的单位成本，还应加、减停割停采期的费用。计算公式如下：

产品单位成本 =（当年抚育管护费用 + 上年转来的停割停采费用 + 结转下年的停割停采费用）-（副产品价值 ÷ 当年林产品总产量）

如按月计算林产品成本，其停割停采期间的费用可按全年林产品计划产量的比例进行分配，计算公式如下：

开割开采期应负担的停割停采期费用比例 =（某月份实际产量 ÷ 全年计划总产量）

第二节 果树产品成本核算

以果树业为主的企业，应按每种果树，如苹果、梨和桃等产品为核算对象，分别计算其产品成本。不以果树业为主的企业，也可以合并计算其产品的成本。

果树开采期间的抚育管护成本计入果品产品成本，共同性生产费用应按受益对象进行分配，在果树行间种蔬菜或其他作物所发生的费用，应由蔬菜或其他作物的产品负担。

由于果树的果品成熟的时间不同，因而同类果树的果品收获期也不一样。总收获量一直要到果品全部收获完毕才能确定。

果树产品的大小及质量有很大的差异，所以在出售前必须按一定的标准对果品进行分级。因此，果树产品的总成本还需按比率法在各级产品间进行分配。

【例6.1】某林场生产国光苹果，上年转入的产品成本10 000元，本年发生的生产费用及有关账务处理如下：

① 施肥和灭虫投入化肥和农药2 000元，发生人工费用8 000元。

借：农业生产成本——苹果　　　　　　　　11 200
　　贷：原材料　　　　　　　　　　　　　　2 000
　　　　应付职工薪酬　　　　　　　　　　　9 200

② 浇水、除草和剪枝等支出材料费1 000元，发生人工工资4 000元。

借：农业生产成本——苹果　　　　　　　　 5 560
　　贷：原材料　　　　　　　　　　　　　　1 000
　　　　应付职工薪酬　　　　　　　　　　　4 560

③ 采摘苹果支出人工费1 000元，领用苹果筐400元。

借：农业生产成本——苹果　　　　　　　　 1 540
　　贷：原材料　　　　　　　　　　　　　　 400
　　　　应付职工薪酬　　　　　　　　　　　1 140

④ 提取苹果树累计折耗3 000元。

借：农业生产成本——苹果　　　　　　　　 3 000
　　贷：生产性生物资产累计折旧　　　　　　3 000

⑤ 采摘苹果后发生的抚育材料费1 000元，人工费6 000元。

借：农业生产成本——苹果　　　　　　　　7 840
　　贷：原材料　　　　　　　　　　　　　1 000
　　　　应付职工薪酬　　　　　　　　　　6 840
⑥ 分配制造费用 1 000 元。
借：农业生产成本——苹果　　　　　　　　1 000
　　贷：制造费用　　　　　　　　　　　　1 000
⑦ 计算产品成本

本年产品应负担的费用 = 10 000 + 11 200 + 5 560 + 1 540 + 3 000 + 1 000 = 32 300 元。

本年采摘苹果 13 450kg，其中一级品 4 000kg，二级品 8 000kg，三级品 750kg，等外品 700kg。一级品批发价 2.80 元，二级品批发价 2.60 元，三级品批发价 2.40 元，等外品批发价 2.20 元，计算各等级品成本。

A. 按售价计算分配系数，求得标准产量。

一级品售价 2.80 元，系数 1，标准产量 4 000kg

二级品售价 2.60 元，系数 0.928 6，标准产量 7 437.5kg

三级品售价 2.40 元，系数 0.857 1，标准产量 643kg

等外品售价 2.20 元，系数 0.785 7，标准产量 550kg

B. 计算分配率

$$\frac{32\ 300}{4\ 000 + 7\ 437.5 + 643 + 550} = \frac{32\ 300}{12\ 621.5} = 2.56$$

C. 计算各级品成本

一级品 2.56 × 4 000 = 10 240 元，单位成本 2.56 元

二级品 2.56 × 7 437.5 = 19 016 元，单位成本 2.38 元

三级品 2.56 × 643 = 1 646 元，单位成本 2.20 元

等外品 2.56 × 550 = 1 408 元，单位成本 2.00 元

第七章
公益林管护成本核算

第一节 公益林核算的特点

一、公益林的概念和核算意义

公益林是以满足国土安全和改善生态环境的公益事业需要为主的林木，即以发挥森林生态效益和社会效益为主的林木。公益林包括水源涵养林、水土保持林、防风固沙林、沿海防护林和农场牧场保护林，以及实验林、风景林、名胜古迹和革命圣地的林木等特种用途林。其中：

水源涵养林是为了改善林草覆盖率低、水土流失严重、生态环境恶化而营造的林木。

水土保持林是为了改善生态环境、防止水土流失、保障农业丰收而营造的林木。

防风固沙林是为了保护现有植被、防止沙漠推进、治理沙漠化土地和合理优化开发沙区资源而营造的林木。

风景林是以美化环境、丰富自然景观、发挥保健作用为主而营造的林木。

实验林是以为指导生产，满足教学、科研的需要而营造的小面积林木。

根据 1995 年 8 月国家体制改革委员会、林业部颁发的《林业经济体制改革总体纲要》，将森林划分为商品林和公益林，实施分类经营的总体方针。对以涵养水源、保持水土、防风固沙、调节气候、物种保护、美化环境、森林旅游以及科学研究为主要经营目的的林业单位，定为公益型林业单位。

公益林经营的最终目标是发挥最大的生态效益和社会效益，促进社会经济的可持续发展，为人类创造最佳的生态环境。

（1）从生态角度看，公益林目标是维持自然生态平衡

具体目标可归结为：

① 国土安全，如防风、防沙、固土等；

② 水资源保护，如水源涵养、水库保护等；

③ 农牧业生态保障；

④ 防止天灾及公害；

⑤ 生物自然性保护，包括物种多样性、遗传多样性和生态系统多样性的保护。

（2）从社会角度看，公益林的目标是提高环境质量

要从绿化环境、陶冶情操、卫生保健入手建立人文生态系统，使人类享受到生理、心理、精神、文化、教育等诸多方面的社会福利。具体归结为：

① 调节气候，净化空气，供给氧气，降低噪声和防火等；

② 城市和社区绿化、美化；

③ 风景旅游；

④ 卫生疗养，如游憩娱乐、保健、疗养等。

因此，公益林是为人类的生存和发展提供良好环境条件的保护性森林，良好的生态环境是人类生存和发展的基本条件。研究公益林的会计核算特点，建立和完善公益林的会计核算体系，加强公益型林业单位的经营管理，是人类社会发展的必然选择，对于公益型林业单位提高资金使用效果，加快公益林的建设，充分发挥公益林的效益，改善人民生活环境具有重要意义。

二、公益林的经济特性

在商品经济条件下,公益林也具有价值和使用价值的二重属性。在一般情况下,只要生产者的产品能够被社会承认,经济补偿也就能实现。只有实现经济补偿,再生产才能得以进行。对于一般商品来说,生产者通过市场让渡商品的使用价值而取得与该商品价值相符的收入,购买者在补偿了商品的价值后获得其使用价值,从而生产者的经济补偿得以实现,同时,还有一定的剩余价值实现。但公益林使用价值的让渡却具有特殊性。公益林生产的多种公益功能,亦即其产品,虽然是具有巨大的生态效益和社会效益,但这种功能(产品)中凝结的一般无差别的人类劳动不明确,无法准确计量和反映。特别是公益林生产的功能(产品),企业没有驾驭它的能力和手段,其功能(产品)每时每刻都在自然产出,社会各方无需买入即可使用这种产品,公益林生产的具有经济上的正外部性的产品,至今尚不能通过市场进行流通,完成交换行为。因此,目前公益林的社会补偿机制还没有形成;谁都受益,谁也不给予经济补偿,市场交换过程中的等价交换、公平竞争、优胜劣汰的市场经济机制在这里失去了应有的效力。

三、公益林的计价

商品生产经济补偿的基本前提是计算商品的价值量,但公益林这种特殊商品,其价值量的计算是一项十分复杂的工作。目前,世界上有许多国家在进行这方面的研究和探讨,但至今还未有成熟的经验。在我国,对如何计算公益林的价值量,也有几种观点。有的认为应以投入公益林生产的社会必要劳动量来计价;有的认为应当以公益林的功能系统产生的效果来进行计价,如农田防护林使农作物增产的数量、水源涵养林提供的水量等。还有的认为应根据社会对某一功能的供求关系来进行计价，现在国际上很多国家又提出森林碳汇及碳交换问题来解决公益林的价值问题。但依据社会对公益林的供求关系来进行计价，问题更复杂，难度更大。作者认为公益林的计价，应根据公益林核算的特点，结合我国的实际情况，将必要性和可能性相结合，从无到有，从简单到复杂，循序渐进，逐步建立和完善我国的公益林的计价方法。目前应对投入公益林的社会必要劳动进行计价，核算公益林的生产成本，进行资产化核算和管理，并严格公益林的日常管护成本核算；待公益林的补偿机制建立后，再逐步核算公益林生产的功能（产品）的价值，进行完整的盈亏核算。

第二节　公益林工程项目的核算

天然林资源保护工程公益林项目建设资金的来源是国家预算内基本建设拨款。天然林资源保护工程公益林项目的各项直接作业项目都是为提高森林覆被率、培育和发展森林资源的作业项目，如人工造林、飞播造林、封山育林、森林抚育、人工促进天然林更新等。为了加强天然林资源保护工程公益林项目建设资金的管理，统一规范建设项目的会计核算工作，确保建设资金专款专用，充分发挥资金使用效益，国家林业局根据天然林资源保护工程公益林项目的特点，以《国有建设单位会计制度》为主体，同时参照《企业会计制度》和《国有林场与苗圃财务会计制度》，根据财政部《基本建设财务管理若干规定》、国家林业局《重点地区天然林资源保护工程建设资金管理规定》的精神，结合林业行业的实际情况制定了《天然林资源保护工程公益林项目会计核算办法（试行）》。办法要求项目单位财务管理和会计核算的原则是：单独设账、专项管理、单独核算、单独开户、专款专用、专户存储，规定了全国统一的核算项目和会计核算办法，实施天然林资源保护工程公益林项目的营林企业作为项目单位,营林企业下属的林场、所属单位,项目单位和所属单位根据本办法的规定进行会计核算,本书根据《企业会计准则讲解 2010》和《企业会计准则第 5 号——生物资产》的有关规定,对天然林资源保护工程公益林项目的经营企业的会计核算进行修订。

一、会计科目

1. 资金占用类科目

库存现金、银行存款、原材料、其他应收款、公益性生物资产、农业生产成本、拨付所属公益林资金、管理费用。

2. 资金来源科目类

应付账款、应付职工薪酬、其他应付款、其他收入、专项应付款。

实行一级核算的企业,可取消"上级拨入公益林基金"和"拨付所属公益林资金"科目。

二、会计处理

1. 项目单位

① 项目单位收到国家拨入公益林项目本年国债专项资金拨款 2 500 000 元,地方配套资金拨款 2 500 000 元。

借:银行存款——本年国债专项资金拨款户　　2 500 000
　　　　　　——地方配套资金拨款户　　　　2 500 000
　　贷:专项应付款——本年国债专项资金拨款　2 500 000
　　　　　　　　——地方配套资金拨款户　　2 500 000

② 项目单位拨付所属单位公益林项目建设资金 3 400 000 元,由本年国债专项资金拨款户付出 1 700 000 元,由地方配套资金拨款户付出 1 700 000 元。

借：拨付所属公益林资金——某林场　　　　　　3 400 000
　　　　贷：银行存款——本年国债专项资金拨款户　1 700 000
　　　　　　　　　　——地方配套资金拨款户　　　1 700 000
　③ 项目单位拨付所属单位公益林项目建设资金 3 132 000 元，由本年国债专项资金拨款户付出 1 566 000 元，由地方配套资金拨款户付出 1 566 000 元。

　　借：拨付所属公益林资金——某林场　　　　　　3 132 000
　　　　贷：银行存款——本年国债专项资金拨款户　1 566 000
　　　　　　　　　　——地方配套资金拨款户　　　1 566 000
　④ 所属单位通过项目单位在企业物资供应部门领用材料 400 000 元。

　　借：拨付所属公益林资金——某林场　　　　　　　400 000
　　　　贷：原材料　　　　　　　　　　　　　　　　400 000
　⑤ 以银行存款归还材料供应商供应的材料 400 000 元，由本年国债专项资金拨款户支付 200 000 元，地方配套资金拨款户支付 200 000 元。

　　借：应付账款　　　　　　　　　　　　　　　　　400 000
　　　　贷：银行存款——本年国债专项资金拨款户　　200 000
　　　　　　　　　　——地方配套资金拨款户　　　　200 000
　⑥ 项目单位收到国家拨入公益林项目资金 3 980 000 元。其中本年国债专项资金拨款 1 990 000 元；地方配套资金拨款 1 990 000 元。

　　借：银行存款——本年国债专项资金拨款户　　　1 990 000
　　　　　　　　——地方配套资金拨款户　　　　　1 990 000
　　　　贷：专项应付款——本年国债专项资金拨款　1 990 000
　　　　　　　　　　　——地方配套资金拨款　　　1 990 000
　⑦ 收到银行存款利息收入 20 000 元，其中，本年国债专项资金拨款户利息收入 10 000 元，地方配套资金拨款户利息收入 10 000 元。

借：银行存款——本年国债专项资金拨款户　　　10 000
　　　　　　——地方配套资金拨款户　　　　　10 000
　　贷：财务费用——利息收入　　　　　　　　20 000

⑧ 所属单位结转公益林项目建设支出。

借：农业生产成本——公益林生产成本——××项目——人工造林　　　900 000
　　农业生产成本——公益林生产成本——××项目——飞播造林　　　450 000
　　农业生产成本——公益林生产成本——××项目——封山育林　　1 000 000
　　农业生产成本——公益林生产成本——××项目——森林抚育　　4 600 000
　　农业生产成本——公益林生产成本——××项目——人工促进天然更新　　300 000
　　在建工程——营林道路　　　　　　　　　　200 000
　　在建工程——苗圃设备设施　　　　　　　　500 000
　　在建工程——防火设备设施　　　　　　　　400 000
　　贷：拨付所属公益林资金　　　　　　　　8 350 000
　　　　农业生产成本——公益林生产成本——××项目——
　　　　农业生产成本——公益林生产成本——××项目——
　　　　农业生产成本——公益林生产成本——××项目——
　　　　农业生产成本——公益林生产成本——××项目——

⑨ 结转公益林支出。

A. 结转形成资产的工程支出。

借：公益性生物资产——人工造林　　　　　1 170 000
　　固定资产——营林道路　　　　　　　　　200 000
　　固定资产——苗圃设备设施　　　　　　　200 000
　　固定资产——防火设备设施　　　　　　　400 000
　　贷：农业生产成本——公益林生产成本——××项目——

人工造林	1 170 000
在建工程——营林道路	200 000
在建工程——苗圃设备设施	200 000
在建工程——防火设备设施	400 000

B. 结转除人工造林外形成资产的支出。

借：公益性生物资产——飞播造林	570 000
——封山育林	780 000
——森林抚育	4 720 000
——人工促进天然更新	390 000
贷：农业生产成本——公益林生产成本——××项目——	
飞播造林	570 000
——封山育林	780 000
——森林抚育	4 720 000
——人工促进天然更新	390 000

⑩ 营林企业根据决算批复，项目单位将公益林项目完成否形成各项资产部分的项目资金转入资本公积。

借：专项应付款	7 010 000
贷：资本公积——拨款转入	7 010 000

2. 所属单位

① 所属单位发生公益林项目调查工资 200 000 元，其中人工造林调查工资 40 000 元，封山育林调查工资 20 000 元，飞播造林调查工资 20 000 元，森林抚育调查工资 80 000 元，人工促进天然林更新调查工资 40 000 元。

借：农业生产成本——公益林生产成本——××项目——人工林	40 000
——飞播造林	20 000
——封山育林	20 000
——人工促进天然更新	40 000
——森林抚育	80 000

贷：应付职工薪酬　　　　　　　　　　　　　200 000
　同时，计提职工福利费
　　　借：农业生产成本——公益林生产成本——××项目——人
　　　　工林　　　　　　　　　　　　　　　　　　　5 600
　　　　　　　——飞播造林　　　　　　　　　　　　2 800
　　　　　　　——封山育林　　　　　　　　　　　　2 800
　　　　　　　——人工促进天然更新　　　　　　　　5 600
　　　　　　　——森林抚育　　　　　　　　　　　　11 200
　　　贷：应付职工薪酬　　　　　　　　　　　　　　28 000
②所属单位收到公益林项目资金 3 400 000 元。
　　　借：银行存款（或现金）　　　　　　　　　　3 400 000
　　　　贷：上级拨入公益林资金　　　　　　　　　3 400 000
③所属单位通过银行支付材料费 500 000 元，材料已验收入库。
　　　借：原材料　　　　　　　　　　　　　　　　500 000
　　　　贷：银行存款　　　　　　　　　　　　　　500 000
④所属单位领取备用金 140 000 元。
　　　借：库存现金　　　　　　　　　　　　　　　140 000
　　　　贷：银行存款　　　　　　　　　　　　　　140 000
⑤所属单位以现金购买材料 100 000 元，直接用于公益林项目，其中：人工造林 20 000 元，飞播造林 10 000 元，封山育林 15 000 元，森林抚育 40 000 元，人工促进天然更新 15 000 元。
　　　借：农业生产成本——公益林生产成本——××项目——人
　　　　工造林　　　　　　　　　　　　　　　　　20 000
　　　　　　　——飞播造林　　　　　　　　　　　　10 000
　　　　　　　——封山育林　　　　　　　　　　　　15 000
　　　　　　　——森林抚育　　　　　　　　　　　　40 000
　　　　　　　——人工促进天然更新　　　　　　　　15 000
　　　贷：库存现金　　　　　　　　　　　　　　　100 000

⑥ 所属单位以现金购买种子 40 000 元，用于飞播造林。

借：原材料　　　　　　　　　　　　　　　　　40 000
　　贷：库存现金　　　　　　　　　　　　　　40 000

⑦ 所属单位赊购某单位苗木 260 万株，苗木款及包装杂费 360 000 元，其中：人工造林 300 000 元，封山育林 60 000 元。

借：农业生产成本——公益林生产成本——××项目——人工造林　　　　　　　　　　　　　　　　300 000
　　　　　　　　——封山育林　　　　　　　60 000
　　贷：应付账款——××单位　　　　　　　360 000

⑧ 所属单位领用材料 396 600 元，用于公益林项目。其中：人工造林 176 400 元，飞播造林 93 200 元，封山育林 15 200 元，森林抚育 41 800 元，人工促进天然更新 10 400 元，营林道路 59 600元。

借：农业生产成本——公益林生产成本——××项目——人工林　　　　　　　　　　　　　　　　176 400
　　　　　　　　——飞播造林　　　　　　　93 200
　　　　　　　　——封山育林　　　　　　　15 200
　　　　　　　　——森林抚育　　　　　　　41 800
　　　　　　　　——人工促进天然更新　　　10 400
　　　　　　　　——营林道路　　　　　　　59 600
　　贷：原材料　　　　　　　　　　　　　　396 600

⑨ 所属单位发生固定资产变价收入 30 000 元，其他收入 20 000元冲减管理费用。

借：银行存款　　　　　　　　　　　　　　　　50 000
　　贷：营业外收入——固定资产变价收入　　30 000
　　　　　　　　——其他收入　　　　　　　20 000

⑩ 所属单位以银行支付公益林项目生产性费用 1 920 000 元，其中：人工造林 20 000 元，飞播造林 120 000 元，封山育林围栏与打桩 160 000 元，森林抚育 1 350 000 元，人工促进天然

更新 60 000 元，病虫害防治 190 000 元，苗圃改土 20 000 元。

  借：农业生产成本——公益林生产成本——××项目——人
     工林   20 000
      ——飞播造林   120 000
      ——封山育林   160 000
      ——森林抚育   1 350 000
      ——人工促进天然更新   60 000
      ——病虫害防治   190 000
    在建工程——苗圃设备设施   20 000
   贷：银行存款   1 920 000

  ⑪ 所属单位以银行存款支付营林道路工程款 15 000 元，购置苗圃设备 200 000 元，购置防火设备 400 000 元。

  借：在建工程——营林道路   15 000
      ——苗圃设备设施   200 000
      ——防火设备设施   400 000
   贷：银行存款   615 000

  ⑫ 所属单位根据生产验收单、劳动定额，计算工资。其中人工造林 10 000 亩，工资 200 000 元，飞播造林 5 000 亩，工资 100 000 元，封山育林 20 000 亩，工资 50 000 元；森林抚育 80 000 亩，工资 2 050 000 元；人工促进天然更新 10 000 亩，工资 100 000 元；苗木改土及施肥 4 000m^3，工资 240 000；病虫害防治 100 000 次，工资 100 000 元；营林道路 2km，工资 110 000元。

  借：农业生产成本——公益林生产成本——××项目——人
     工造林   200 000
      ——飞播造林   100 000
      ——封山育林   50 000
      ——森林抚育   2 050 000
      ——人工促进天然更新   100 000

　　　　　　——病虫害防治　　　　　　　　　　100 000
　　在建工程——营林道路　　　　　　　　　　110 000
　　在建工程——苗圃设备设施　　　　　　　　240 000
　　贷：应付职工薪酬　　　　　　　　　　　2 950 000
同时，计提职工福利费。
　借：农业生产成本——公益林生产成本——××项目——人
　　　工造林　　　　　　　　　　　　　　　　28 000
　　　　　　——飞播造林　　　　　　　　　　 14 000
　　　　　　——封山育林　　　　　　　　　　　7 000
　　　　　　——森林抚育　　　　　　　　　　287 000
　　　　　　——人工促进天然更新　　　　　　 14 000
　　　　　　——病虫害防治　　　　　　　　　 14 000
　　在建工程——营林道路　　　　　　　　　　 15 400
　　在建工程——苗圃设备设施　　　　　　　　 33 600
　　贷：应付职工薪酬　　　　　　　　　　　　413 000
⑬ 所属单位按规定扣职工造林质量保证金 20 000 元。
　借：应付职工薪酬　　　　　　　　　　　　　20 000
　　贷：其他应付款——职工造林质量保证金　　20 000
⑭ 所属单位以现金支付职工工资 2 980 000 元。
　借：应付职工薪酬　　　　　　　　　　　 2 980 000
　　贷：库存现金　　　　　　　　　　　　 2 980 000
⑮ 所属单位通过项目单位在企业物资部门领材料 400 000 元，直接用于公益林项目建设，其中封山育林 200 000 元，森林抚育 200 000 元。
　借：农业生产成本——公益林生产成本——××项目——封
　　　山育林　　　　　　　　　　　　　　　 200 000
　　　　　　——森林抚育　　　　　　　　　　200 000
　　贷：原材料　　　　　　　　　　　　　　 400 000
⑯ 所属单位通过材料库领用材料 50 000 元，用于公益林项

目,其中:人工造林 10 000 元,森林抚育 20 000 元,人工促进天然更新 20 000 元。

  借:农业生产成本——公益林生产成本——××项目——人
    工造林   10 000
      ——森林抚育   20 000
      ——人工促进天然更新   20 000
   贷:原材料   50 000

⑰ 所属单位以现金归还苗木款 360 000 元。

  借:应付账款——××单位   360 000
   贷:库存现金   360 000

⑱ 所属单位公益林项目各产量已经项目单位验收合格,其中人工林 10 000 亩,飞播造林 5 000 亩,封山育林 20 000 亩,人工促进天然更新 10 000 亩,病虫害防治 100 000 亩次。营林道路、苗圃设备、苗圃改土及施肥、防火设备设施等已办妥竣工验收。

  根据验收单将公益林项目建设支出转项目单位。

  借:公益性生物资产——人工造林   900 000
        ——飞播造林   45 000
       ——封山育林   600 000
       ——森林抚育   4 600 000
       ——人工促进天然更新 300 000
       ——病虫害防治   300 000
    固定资产——营林道路   200 000
      ——苗圃设备设施   400 000
   贷:农业生产成本——公益林生产成本——××项目——
      人工造林   900 000
       ——飞播造林   45 000
       ——封山育林   600 000
       ——森林抚育   4 600 000
       ——人工促进天然更新 300 000

——病虫害防治	300 000
在建工程——营林道路	200 000
在建工程——苗圃设备设施	400 000
借：专项应付款	7 345 000
贷：资本公积——拨款转入	7 345 000

第三节　公益林会计的核算

一、公益林的会计核算组织形式

目前，由于我国对公益林的调节机制还没有建立起来，现实中不承认公益林的价值，没有对公益林给予应有的经济补偿。因此，公益型林业单位采取事业单位的预算会计核算组织形式，在账面上只有投入，而无产出。在具体会计核算形式上，很少有经营收入或没有经营收入的单位采取全额拨款的形式；对于有部分经营收入的单位采取差额拨款的形式；对于有经营收入的单位采取自收自支的预算管理办法。

公益型林业单位虽然以国家拨款和社会投资为主，但作为营林企业的重要组成部分，有别于森林资源调查、森林病虫害防治和林业科技推广等林业事业单位，是以公益林为劳动对象，而公益林又是公益性生物资产（林木资产）的组成部分。因此，公益型林业单位应改革传统的预算制的会计核算方法，采取生产型的林业会计核算方法，严格成本费用核算和管理，核算完整的公益林生产成本，形成公益林和商品林有机结合的完整体的林木资产核算体系。

二、公益林核算的账户设置和核算方法

根据公益型林业单位的特点，应与商品林会计核算的要求

相衔接，公益林会计核算应设置"专项应付款""农业生产成本——公益林生产成本""营林费用""公益性生物资产"和"资本公积——拨款转入"等账户。

"农业生产成本——公益林生产成本"账户核算公益林工程的生产成本支出，按整地、植苗和幼林抚育等生产作业项目归集成本，期末或公益林工程竣工验收合格时结转"公益性生物资产"等账户，如用育林基金作为投资，则同时减少"专项应付款"账户，增加"资本公积——育林基金转入"账户。

"营林费用"账户核算公益林工程建设期间和发挥效益期间的各项费用支出，期末按受益对象进行分配，应由为完工公益林工程负担的营林费用，结转"公益性生物资产"账户。公益林工程竣工后，应在发挥效益期间的生产成本和管护费用支出，在目前，应报经上级主管部门和同级财政部门审核批准后，结转"专项应付款"账户核销，待公益林的补偿机制建立后，则应计入当期损益，计算盈亏。

"专项应付款"账户核算企业取得财政拨款、社会集资、森林旅游和其他收入等，核算企业用于形成林木资产的支持，以及公益林经批准的核销支出。

第八章 营林企业财务报告

第一节 财务会计报告概述

财务会计报告是指企业对外提供的反映某一特定日期财务状况和某一会计期间的经营成果和现金流量情况的书面文件。企业的财务会计报告由会计报表、会计报表附注和财务情况说明书3部分内容组成。

会计报表是财务会计报告的主干部分,是用表格的形式简明扼要地反映企业在一定时点上的财务状况和一定期间的经营成果。包括资产负债表、利润表、现金流量表、所有者权益变动表及其相关的附表。

会计报表附注是为了帮助使用者理解会计报表的内容而对会计报表的编制基础、编制依据、编制原则和方法,以及主要项目等所做的解释。

财务情况说明书是以文字来补充说明企业的生产经营状况、利润实现和分配情况,以及企业的财产物资发生重大变动的情况。

这些内容是相互联系的一个整体文件,而财务会计报告的中心内容就是会计报表。企业对外提供的会计报表包括资产负债表、利润表、现金流量表、资产减值准备明细表、利润分配表、所有者权益(股东权益)增减变动表、分部报表和其他有关报表。这些会计报表分别从不同的角度说明企业的财务状况和经营成果。各种会计报表的内容既相互区别,又相互补充,指标相互衔接。构成了一个完整的指标体系,从而更充分地反映出企业的财务状况和经营成果。

一、财务会计报告的作用和种类

1. 财务会计报告的作用

财务会计报告的重要作用有以下几点:

① 向投资者、潜在投资者提供经济信息,使其能做出正确的投资决策。

② 向政府机关(财政、税务、工商等部门)提供企业完成社会义务和责任的情况。主要是企业是否执行财经法规,是否及时足额交纳税金,企业发展方向是否符合产业政策等,以便加强政府对经济发展的宏观控制和管理。

③ 向债权人提供企业偿债履约和偿债能力的情况。特别是银行等金融机构,可以根据企业提供的财务会计报告,检查企业各种借款的使用情况及物资保证,通过对企业偿债能力的分析和履约情况的分析,决定是否对企业发放贷款。

④ 能够向企业管理当局和其他管理部门提供企业的经营和获利情况,以便企业管理当局进行科学决策。

⑤ 向企业经营管理提供决策信息,指导企业的生产经营活动。

2. 财务会计报告的种类

作为财务会计报告的核心内容的会计报表按不同的标志划分有不同的分类。

① 按其反映的经济内容分类,可分为反映企业财务状况的报表、反映企业经营成果的报表和反映企业现金流量的报表。

反映企业财务状况的报表主要有资产负债表及资产负债表附表，如资产减值准备明细表、股东权益增减变动表、应交增值税明细表等；反映企业经营成果的报表主要有：利润表、利润表的有关附表，如利润分配表等；反映企业现金流量的报表主要是现金流量表及其附表。

② 按其编制时间分，可分为月报、季报、半年报（又称中期报告）和年报。

月报是指月份终了编制的会计报表，月报通常有资产负债表、利润表和应交增值税明细表；月报要求简明扼要、及时；季报是指季度终了编制的会计报表；半年报是指每个会计年度的前6个月结束后对外编制的会计报表；年报是指年度终了按年编制的会计报表。年报除以上的月报、中期报告外还有现金流量表、利润分配表、股东权益增减变动表、分部报表等。年报要求揭示完整、反映全面。

③ 按其反映经营活动的方式不同划分，可分为静态会计报表和动态会计报表。

静态会计报表是指反映企业一定时点的资产、负债和所有者权益清款的会计报表，如资产负债表；动态会计报表是指反映企业一定时期内的经营成果和财务状况变动情况的会计报表，如利润表和现金流量表。

④ 按其报送的对象不同，可分为对外报表和对内报表。

对外报表是指专门为投资者、债权人等企业外部报表使用者报送的报表，如资产负债表、利润表、现金流量表等；对内报表是指专门以企业内部职能部门和决策部门为报送对象的报表，如成本报表和有关的附表等。

⑤ 按其编制单位划分，可分为基层报表和汇总报表。

基层报表是由独立核算的基层企业编制的反映本企业情况的报表；汇总报表是由上级主管部门根据所属企业编制的基层报表加上本身报表而综合编制的会计报表。汇总报表一般是按上下级的所属关系逐级进行汇总。

⑥ 按其编制的范围不同，可分为个别会计报表和合并会计报表。

个别会计报表是指独立核算的企业用来反映其本身的经营成果和财务状况的会计报表；合并会计报表则是指由母公司编制的，包括所有控股子公司会计报表的有关数据，反映整个企业集团的经营成果和财务状况的会计报表。

二、财务会计报告的编制要求

会计人员编制财务会计报告应遵循以下几项要求：

1. **数据真实**

财务会计报告必须如实反映财务状况和经营成果，不能用估计数代替实际数，更不能弄虚作假，篡改数据，隐瞒谎报，以保证财务会计报告的真实性。企业必须做到按期结账，认真对账和进行财产清查，在结账、对账和财产清查的基础上，通过编制总账试算平衡表验证账目有无错漏，为正确编制财务会计报告提供可靠的数据。在编报后，还必须认真复核，做到账表相符，报表与报表之间的有关数据衔接一致。

2. **内容完整**

财务会计报告必须全面反映会计主体的财务状况和经营成果情况。为满足这一要求，应做到以下两点：一是应按规定的财务会计报告的构成内容编报，包括资产负债表、利润表、现金流量表、附表及财务情况说明书等全部内容，对已有的经济活动及与报告对象决策有关的各种信息都在财务会计报告中提供；二是对统一财务会计报告中规定的各项指标都应填写完整，为会计信息使用者提供尽可能充分的决策信息。

3. **说明清楚**

财务会计报告需要加以说明的问题，应附有简要的文字说明；对财务会计报告中主要指标的构成和计算方法，本报告期发生的特殊情况，如经营范围的变化、经营结构变更以及对本报告期经济效益影响较大的各种因素等，都必须加以说明。

4. 报送及时

根据及时性原则，为了便于报表使用者及时利用会计报表，会计报表必须按照规定的期限和程序及时编制与报送。根据有关规定，月报表应于月度终了6天内报出（节假日顺延，下同）；季报表应于季度终了后15天内报出；半年报表应于年度中期结束后60天内报出；年报表应于年度终了后4个月内报出。

5. 手续齐全

对于报出的会计报表应依次编定页数，加具封面，装订成册，加盖公章。封面上应注明的内容包括企业名称、地址、开业年份、报表所属年度、月份、送出日期等，并有企业领导、总会计师和会计主管人员的签章。

第二节 资产负债表

一、资产负债表的概念

资产负债表是反映企业在某一特定日期的财务状况的会计报表，总括地反映企业资产、负债和所有者权益的基本情况，是企业按月编报的一张主要会计报表。

二、资产负债表的结构

1. 结构

资产负债表的结构是指资产负债表的构成部分以及构成项目

的排列规则。从形式结构上看,资产负债表包括表头、基本内容和补充资料三大部分。其中,表头又包括报表的名称、企业的名称、报表所反映的日期(不是填列项目)、报表的计量单位。资产负债表的基本内容(即表身)是该表的主体部分,具体反映资产、负债和所有者权益各项目的内容。补充资料也称报表附注,主要揭示一些重要的但在资产负债表中不便或不能反映的资料。

2. 基本格式

资产负债表各类项目在表中的排列结构形成了各种各样的资产负债表格式。资产负债表一般有两种格式:账户式和报告式。

(1) 账户式资产负债表

账户式资产负债表又称为横式资产负债表,是依据"资产=负债+所有者权益"的会计等式,利用账户形式(左右对照式)来编制的。资产负债表的左方填列资产类的全部项目,资产负债表的右方填列负债和所有者权益的全部项目,资产负债表的左右两方总额相等。

(2) 报告式资产负债表

报告式资产负债表也是依据"资产=负债+所有者权益"的会计等式编制的,将资产、负债和所有者权益三大要素的项目采用垂直分列的形式编制的报表。这种资产负债表又有两种形式:一种是依据"资产=权益"的会计等式;另一种是依据"资产=负债+所有者权益"的会计等式。我国《企业会计准则》规定,企业应编制账户式资产负债表。

三、资产负债表的编制方法

资产负债表的年初数,根据上年资产负债表各项目的年末数填列。如本年资产负债表规定的各项目的名称和内容同上一年度不一致时，应对上年度资产负债表各项目的名称和年末数做相应的调整之后，填入本年年初数栏。

资产负债表各项目的期末数，应根据各有关总账科目及所属明细账科目的期末余额分析填列。但归纳起来主要有以下几种方法：

1. 根据总账科目余额直接填列

如"应收票据"项目，根据"应收票据"总账科目余额直接填列；"短期借款"项目，根据"短期借款"总账科目余额直接填列。

2. 根据总账科目余额计算填列

如"货币资金"项目，根据"库存现金""银行存款""其他货币资金"科目的期末余额的合计填列。

3. 根据明细科目余额计算填列

如"应付账款"项目，根据"应付账款""预付账款"科目的所属相关明细科目的期末贷方余额计算填列。

4. 根据总账科目和明细科目余额分析计算填列

如"长期借款"项目，根据"长期借款"总账科目余额扣除"长期借款"科目所属的明细科目中反映的将于年内到期的长期借款部分分析计算填列。

5. 根据科目余额减去其准备抵账项后的净额填列

如"长期股权投资"项目，由"长期股权投资"科目的期末余额减去其"长期股权投资减值准备"科目余额后的净额填列。

6. 生物资产和农产品在资产负债表中的列示

（1）消耗性生物资产在资产负债表中的列示

林业中郁闭成林前的消耗性林木资产和公益林，应将"农业生产成本"科目的借方余额减去"存货跌价准备——其他消耗性生物资产跌价准备"科目的贷方余额后的净额，归并在资产负债表中的"存货"项目中列示。

（2）已郁闭成林的消耗性林木资产、公益林以及公益林基金在资产负债表中的列示

已郁闭成林消耗性林木资产按"消耗性林木资产"科目的借方余额，减去"消耗性林木资产跌价准备"科目的贷方余额后的净额，在资产负债表"存货"下增设"消耗性生物资产"项目反映。

对起生态作用的公益林，财政部《企业会计准则》（2006）规定，"公益性生物资产不计提减值准备"，因此，可直接将核算已郁闭成林公益林实际成本的"公益性生物资产"科目的借方余额，在资产负债表的"公益性生物资产"项目下增设"其中：公益林"项目中列示，将"公益林基金"科目的贷方余额，在资产负债表的"资本公积"项目下，增设"其中：公益林基金"项目反映（同时计入"资本公积"项目）。

（3）生产性生物资产在资产负债表中的列示

按照《企业会计准则》（2006）的要求，成熟生产性生物资产应分别将其原价、已提生物资产累计折旧、计提的减值准备，即将"生产性生物资产"科目的借方余额，减去"生产性生物资产累计折旧"贷方余额和"生产性生物资产减值准备"科目的贷方余额后的净值，填列在资产负债表中的"生产性生物资产"项目中。

（4）农产品在资产负债表中的列示

按照《企业会计准则》（2006）的要求，农产品在资产负债表上，应并入"存货"项目，按"农产品"科目的借方余额减去"存货跌价准备——农产品"科目的贷方余额后的净额，在资产负债表的"存货"项目中列示。

四、资产负债表样式

资产负债表样式见表8-1。

表 8-1 资产负债表

会企 01 表

编制单位：　　　　　　　　　20××年××月××日　　　　　　　　　单位：元

资产	行次	期末余额	年初余额	负债和所有者权益（或股东权益）	行次	期末余额	年初余额
流动资产：	1			流动负债：	37		
货币资金	2			短期借款	38		
交易性金融资产	3			交易性金融负债	39		
应收票据	4			应付票据	40		
应收账款	5			应付账款	41		
预付账款	6			预收账款	42		
应收股利	7			应付职工薪酬	43		
应收利息	8			应交税费	44		
其他应收款	9			应付利息	45		
存货	10			应付股利	46		
其中：消耗性生物资产	11			其他应付款	47		
待摊费用	12			预提费用	48		
一年内到期的非流动资产	13			预计负债	49		
其他流动资产	14			一年内到期的非流动负债	50		
流动资产合计	15	—	—	其他流动负债	51		
非流动资产：	16			流动负债合计	52	—	—
可供出售金融资产	17			非流动负债：	53		
持有至到期投资	18			长期借款	54		
投资性房地产	19			应付债券	55		
长期股权投资	20			长期应付款	56		
长期应收款	21			专项应付款	57		
固定资产	22			递延所得税负债	58		

（续）

资产	行次	期末余额	年初余额	负债和所有者权益（或股东权益）	行次	期末余额	年初余额
在建工程	23			其他非流动负债	59		
工程物资	24			非流动负债合计	60	—	—
固定资产清理	25			负债合计	61		
生产性生物资产	26			所有者权益（或股东权益）：	62		
油气资产	27			实收资本（或股本）	63		
公益性生物资产	28			资本公积	64		
无形资产	29			盈余公积	65		
开发支出	30			未分配利润	66		
商誉	31			减：库存股	67		
长摊待摊费用	32			所有者权益（或股东权益）合计	68		
递延所得税资产	33				69		
其他非流动资产	34				70		
非流动资产合计	35	—	—		71		
资产总计	36			负债和所有者（或股东权益）合计	72	—	—

五、资产负债表的附表

（一）生物资产账面价值变动表

为了反映企业年初、年末生物资产账面价值和报告期生物资产账面价值的增减变动情况及其变动构成，营林企业应该编制资产负债表的附表（会计01附表4）——"生物资产账面价值变动表"。本表包括在年度会计报表中，其格式如表8-2所示。

表 8-2　生物资产账面价值变动表

会企 01 表附表 4

编制单位：　　　　　　　　　　20××年度　　　　　　　　　　单位：元

项　目	行次	年初账面价值	本年增加数				本年减少数						年末账面价值
			小计	其中：			小计	其中：					
				购买	繁殖（育）	其他资产转入		出售	收获	转入其他资产	本年折旧	本年计提减值	
①		②	③				④						⑤
一、种植业小计	1												
其中：生产性生物资产	2												
消耗性生物资产	3												
二、畜牧养殖业小计	4												
其中：生产性生物资产	5												
消耗性生物资产	6												
三、林业小计	7												
其中：生产性生物资产	8												
消耗性生物资产	9												
公益性生物资产	10												
四、水产业小计	11												
其中：生产性生物资产	12												
消耗性生物资产	13												
五、生物资产合计	14												
其中：生产性生物资产	15												
消耗性生物资产	16												

本表包括表首和正表两部分。其中，表首说明报表名称、编制单位、编制年度、报表编号、货币名称等；正表是本表的主体，具体说明本表的各项内容，包括按农业内部各业划分的各项消耗性生物资产和生产性生物资产的年初、年末账面价值和报告期账面价值增减变动情况及其变动构成。每个项目中，又分为

"年初账面价值""本年增加数""本年减少数""年末账面价值"四栏，分别列示其年初数、年度变化过程和结果。

1. 本表"年初账面价值"栏，反映各项目本报告年度年初的账面价值

该栏内各数值，应根据上年末生物资产账面价值变动表"年末账面价值"栏内所列数值填列。如果本年度生物资产账面价值变动表规定的各个项目的名称和内容同上年度不一致，应对上年年末生物资产账面价值变动表各项目的名称和数字按照本年度的规定进行调整，填入本表"年初账面价值"栏内。

2. 本表"本年增加数""本年减少数"栏，分别反映各项目本报告年度的增减变动情况

"生产性生物资产"项目，应分别根据"生产性生物资产""生产性生物资产累计折旧""生产性生物资产减值准备"等科目的本年发生额分析填列。

"消耗性生物资产"项目，应分别根据"消耗性生物资产""农业生产成本""消耗性生物资产跌价准备"等科目的本年发生额分析填列。

3. 本表"年末账面价值"栏，反映各项目本报告年度年末的账面价值

"生产性生物资产"项目，应分别根据"生产性生物资产""生产性生物资产累计折旧""生产性生物资产减值准备"等科目的期末余额分析填列。

"消耗性生物资产"项目，应分别根据"消耗性生物资产""农业生产""消耗性生物资产跌价准备"等科目期末余额填列。

本表有关项目对应关系如下：

2 行 + 3 行 = 1 行

5 行 + 6 行 = 4 行

8 行 + 9 行 = 7 行

11 行 + 12 行 = 10 行

14 行 + 15 行 = 13 行

1 行 + 4 行 + 7 行 + 10 行 = 13 行

2 行 + 5 行 + 8 行 + 11 行 = 14 行

3 行 + 6 行 + 9 行 + 12 行 = 15 行

②栏 + ③栏 – ④栏 = ⑤栏

（二）生物资产及农产品减值准备和跌价准备明细表的作用及其编制

为了反映企业一定期间生物资产减值准备和农产品跌价准备的增减变动情况，本办法补充了"生物资产及农产品减值准备和跌价准备明细表"，即企业编制"资产负债表"附表1"资产减值准备明细表"的附表1.1（以下简称"本表"）。"本表"也包括在年度会计报表中，其格式见表8-3。

表8-3 生物资产及农户产品减值准备明细表

会企01表附表1.1

编制单位：　　　　　　20××年度　　　　　　单位：元

项　目	行次	年初余额	本年增加数	本年减少数	年末余额
①		②	③	④	⑤
一、生物资产减值准备					
其中：消耗性生物资产跌价准备合计					
生产性生物资产减值准备合计					
（一）种植业小计					
其中：消耗性生物资产跌价准备					
生产性生物资产减值准备					
（二）畜牧养殖业小计					
其中：消耗性生物资产跌价准备					
生产性生物资产减值准备					
（三）林业小计					
其中：消耗性生物资产跌价准备					
生产性生物资产减值准备					

(续)

项　　目	行次	年初余额	本年增加数	本年减少数	年末余额
(四) 水产业小计					
其中：消耗性生物资产跌价准备					
生产性生物资产减值准备					
二、农产品跌价准备					
(一) 种植业产品跌价准备					
(二) 畜牧养殖业产品跌价准备					
(三) 林产品跌价准备					
(四) 水产品跌价准备					

本表包括表首和正表两部分。其中，表首说明报表名称、编制单位、编制年份、报表编号、货币名称等；正表是本表的主体，具体说明减值准备明细表的各项内容，包括各业的生产性生物资产减值准备、消耗性生物资产跌价准备和各业农产品跌价准备等内容。每个项目中，又分为"年初余额""本年增加数""本年减少数"（如出售该项资产、非货币性交易、债务重组等）"年末余额"四栏，分别列示其年初数、年度变化过程和结果。

1. 本表"年初余额"栏，反映各项目本报告年度期初余额

该栏内各项数字应根据上年年末生物资产及农产品减值准备和跌价准备明细表"年末余额"栏内所列数字填列。如果本年度生物资产及农产品减值准备和跌价准备明细表规定的各个项目的名称和内容同上年度不一致，应对上年年末生物资产及农产品减值准备和跌价准备明细表各项目的名称和数字按照本年度的规定进行调整，填入本表"年初余额"栏内。

2. 本表"本年增加数""本年减少数"栏，分别反映各

本报告年度的增减变动情况

"消耗性生物资产跌价准备"科目的本年发生额分析填列。

"生产性生物资产减值准备"根据"生产性生物资产减值准备"科目的本年发生额填列。

"农产品跌价准备"项目,应根据"存货跌价准备——农产品跌价准备"科目的本年发生额分析填列。

3. 本表"年末余额"栏,反映各项目本报告年度期末余额

"消耗性生物资产跌价准备"项目,应根据"消耗性生物资产跌价准备"科目的期末余额填列。

"生产性生物资产减值准备"项目,应根据"生产性生物资产减值准备"科目的期末余额填列。

"农产品跌价准备"项目,应根据"存货跌价准备——农产品跌价准备"科目的期末余额填列。

本表有关项目对应关系如下:

2 行 + 3 行 = 1 行 = 4 行 + 7 行 + 10 行 + 13 行

5 行 + 8 行 + 11 行 + 14 行 = 2 行

6 行 + 9 行 + 12 行 + 15 行 = 3 行

5 行 + 6 行 = 4 行

8 行 + 9 行 = 7 行

11 行 + 12 行 = 10 行

14 行 + 15 行 = 13 行

17 行 + 18 行 + 19 行 + 20 行 = 16 行

②栏 + ③栏 - ④栏 = ⑤栏

第三节 利润表及其附表

一、利润表的概念

利润表是反映企业一定时期经营成果的报表,是企业最基本的报表之一。由于利润表反映的是某一期间企业经营成果情况,所以又称为动态报表。有时,利润表也称为损益表、收益表。利润表是根据"收入 - 费用 = 利润"的会计等式,依照一定的顺序,

将一定期间的收入、费用和利润项目予以适当排列编制而成的。

二、利润表的格式及内容

(一) 利润表的格式

利润表的基本格式有两种,即单步式和多步式。

1. 单步式利润表

单步式利润表是将本期所有收入排列在一起,然后再把所有费用排列在一起,两者相减,一次计算出净利润。

2. 多步式利润表

多步式利润表是将利润表的内容做多项分类,产生出一些中间信息,表中的净利润(或亏损总额)是通过多步式计算出来的。由于从销售收入到本期净利润,是经过若干步骤计算出来的,故称其为多步式利润表(表8-4)。

目前我国的会计准则规定,利润表采用多步式利润表。我国会计制度还要求企业以"补充资料"的形式列示一些特殊项目的利润(或亏损)情况。利润表要求同时列示"本月数"和"本年累计数"。编制年度利润表需同时列示"上年数"和"本年累计数"。

(二) 利润表的内容

利润表样式见表8-4。

表8-4 利润表

会企02表

编制单位: 　　　　　20××年××月　　　　　单位:元

项　目	行次	本年金额	上年金额
一、营业收入	1		
减:营业成本	2		
营业税费	3		
销售费用	4		

(续)

项　目	行次	本年金额	上年金额
管理费用	5		
财务费用（收益以"-"号填列）	6		
资产减值损失	7		
加：公允价值变动净收益（净损失以"-"号填列）	8		
投资净收益（净损失以"-"号填列）	9		
二、营业利润（亏损以"-"号填列）	10		
加：营业外收入	11		
减：营业外支出	12		
其中：非流动资产处置净损失 （净收益以"-"号填列）	13		
三、利润总额（亏损总额以"-"号填列）	14		
减：所得税	15		
四、净利润（净亏损以"-"号填列）	16		
五、每股收益	17		
（一）基本每股收益	18		
（二）稀释每股收益	19		

三、利润表的编制方法

（一）利润表项目的数据来源

利润表中的"本月数"栏目反映各项目的本月实际发生数，该栏目应根据有关的损益类账户的本期发生额填列。年度利润表中此栏应改为"上年数"，根据上年利润表中的"本年累计数"栏中的相应数额填列。如果上年度利润表与本年度利润表的项目名称和内容不一致，应对上年度利润表项目名称和数据按本年度的规定调整之后，再填入"上年数"栏中。

利润表中的"本年累计数"栏反映企业各项目自年初起至编表月份止的累计发生额，该栏应根据上月份利润表的各项目

"本年累计数"栏与本月份利润表相对应项目的"本月数"栏目的合计数填列。

(二)利润表项目的填列方法

①"营业收入"项目,反映企业日常经营业务所取得的收入总额。本项目应根据"主营业务收入"账户和"其他业务收入"的发生额分析填列。

②"营业成本"项目,反映企业经营日常业务发生的实际成本。本项目应根据"主营业务成本"账户和"其他业务成本"的发生额分析填列。

③"营业税金及附加"项目,反映企业经营主要业务应负担的营业税、消费税、城市维护建设税、资源税、土地增值税和教育费附加等。本项目应根据"主营业务税金及附加"账户的发生额分析填列。

④"销售费用"项目,反映企业在销售商品和商品流通企业在购入商品等过程中发生的费用。本项目应根据"营业费用"账户的发生额分析填列。

⑤"管理费用"项目,反映企业发生的管理费用。本项目应根据"管理费用"账户的发生额分析填列。

⑥"财务费用"项目,反映企业发生的财务费用。本项目应根据"财务费用"账户的发生额分析填列。

⑦"投资收益"项目,反映企业以各种方式对外投资所取得的收益。本项目应根据"投资收益"账户的发生额分析填列。如为投资损失,以"-"号填列。

⑧"补贴收入"项目,反映企业取得的各种补贴收入以及退回的增值税等。本项目应根据"补贴收入"账户的发生额分析填列。

⑨"营业外收入"项目和"营业外支出"项目,反映企业发生的与其生产经营无直接关系的各项收入和支出。这两个项目

应分别根据"营业外收入""营业外支出"账户的发生额分析填列。

⑩"利润总额"项目,反映企业实现的利润总额。如为亏损总额,以"-"号填列。

⑪"所得税"项目,反映企业按规定从本期损益中减去的所得税。本项目应根据"所得税"账户的发生额分析填列。

⑫"净利润"项目,反映企业实现的净利润。如为亏损总额,以"-"号填列。

四、利润分配表及其编制

利润分配表是反映公司一定期间对实现利润进行分配或亏损弥补的会计报表,是一张动态报表。通过利润分配表,可以了解公司实现利润的分配情况或亏损弥补情况,了解公司利润的分配去向,以及年末未分配利润的数额。利润分配表是利润表的附表。

利润分配表从本期净利润开始,加期初未分配利润和盈余公积转入,得出可供分配的利润;可供分配的利润减去提取的法定盈余公积和法定公益金,得出可供股东分配的利润;可供股东分配的利润减去应付优先股股利、提取任意盈余公积、应付普通股股利以及转作股东的普通股股利,得出期末未分配利润。

报表中的"本期实际"栏,根据本年"本年利润"及"利润分配"账户及所属明细账户的记录填列。"上年实际"栏根据上年利润分配表中"本年实际"栏填列。如果上年度利润分配表与本年度利润分配表的项目名称和内容不一致,应对上年度利润分配表项目名称和数据按本年度的规定调整之后,再填入"上年数"栏中。利润分配表有关项目的填报方法如下:

①"净利润"项目,反映公司实现的净利润。如为亏损,以"-"号填列。本项目的数据应与利润表"本年累计数"栏的"净利润"项目一致。

②"年初未分配利润"项目,反映公司年初未分配利润。如为未弥补的亏损,以"-"号填列。

③"提取的法定盈余公积"项目和"提取法定公益金"项目,分别反映公司按照规定提取的法定盈余公积和法定公益金。

④"提取任意盈余公积"项目,反映公司提取的任意盈余公积。

⑤"应付普通股股利"项目,反映公司应分配给普通股股东的股利。

第四节 现金流量表

一、现金流量表的概念及内容

现金流量表,是反映企业一定会计期间现金和现金等价物流入和流出情况的报表,属于动态报表。企业编制现金流量表的主要目的,是为会计报表的使用者提供企业在一定会计期间内现金和现金等价物流入和流出的信息,以便于会计报表使用者了解和评价企业获取现金和现金等价物的能力,并据以预测企业未来现金流量。所以,现金流量表在评价企业的经营业绩、衡量企业的财务资源和财务风险及预测企业的未来前景方面,有着十分重要的作用。现金流量表有助于评价企业的支付能力、偿还能力和周转能力;有助于预测企业未来的现金流量;有助于分析企业收益质量和影响现金流量的因素。

在现金流量表中,企业应按经营活动、投资活动、筹资活动的现金流量来分类分项列示。

(一)经营活动产生的现金流量

经营活动是指企业投资活动和筹资活动以外的所有交易和事

项。即除投资活动和筹资活动以外的所有交易和事项，都可归属于经营活动。

对于工商企业而言，经营活动主要包括销售商品、提供劳务、购买商品、接受劳务、支付税费等。

经营活动产生的现金流入项目主要有销售商品、提供劳务收到的现金；收到的税费返还；收到的其他与经营活动有关的现金。

经营活动产生的现金流出项目主要有购买商品、接受劳务支付的现金；支付给职工及为职工支付的现金；支付的各项税费；支付的其他与经营活动有关的现金。

（二）投资活动产生的现金流量

投资活动是指企业长期资产的购建和不包括在现金等价物范围内的投资及其处置活动。

投资活动产生的现金流入项目主要有收回投资所收到的现金；取得收资收益所收到的现金；处置固定资产、无形资产和其他长期资产所收回的现金净额；收到的与其他投资活动有关的现金。

投资活动产生的现金流出项目主要有投资所支付的现金；购建固定资产、无形资产和其他长期资产所支付的现金；支付的与其他投资活动有关的现金。

（三）筹资活动产生的现金流量

筹资活动是指企业资本及债务规模和构成发生变化的活动。

筹资活动产生的现金流入项目主要有吸收投资所收到的现金；取得借款所收到的现金；收到的其他与筹资活动有关的现金。

筹资活动产生的现金流出项目主要有偿还债务所支付的现金；分配股利、利润或偿付利息所支付的现金；支付的其他与筹资活动有关的现金。

需要注意的是,对于企业日常经营活动之外特殊的、不经常发生的特殊项目,如自然灾害损失、保险赔款、捐赠等,企业应当将其归并到相关类别中单独反映。

二、现金流量表的编制基础

现金流量表是以现金以及现金等价物为基础按照收付实现制编制的。这里的现金包括库存现金、可以随时用于支付的存款。具体包括以下内容。

1. 库存现金

库存现金是指企业特有的、可随时用于支付的现金(现钞)。

2. 银行存款

银行存款是指企业存在金融企业、随时可用于支付的金融存款,与银行存款账户核算的银行存款基本一致,主要的区别是编制现金流量表所指的银行存款是可以随时用于支付的银行存款,如结算存款、通知存款等。

3. 其他货币资金

其他货币资金是指企业存在金融企业有特定用途的资金,也就是其他货币资金账户核算的银行存款,如外埠存款、银行汇票存款、银行本票存款、信用证保证金存款、在途货币资金等。

4. 现金等价物

现金等价物是指企业特有的限期短、流动性强、易于转换为已知金额的现金、价值变动风险很小的投资。

这一定义本身,包含了判断一项投资是否属于现金等价物的4个条件,即限期短(3个月内),流动性强,易于转换为已知金额的现金,价值变动风险很小。其中,限期短、流动性强强调了变现能力;而易于转换为已知金额的现金、价值变动风险很小强调了支付能力的大小。

三、现金流量表的编制方法

（一）经营活动产生的现金流量的编制方法

①"销售商品、提供劳务收到的现金"项目，反映企业销售商品、提供劳务实际收到的现金（含销售收入应向购买者收取的增值税款），包括本期销售商品、提供劳务收到的现金以及前期提供劳务本期收到的现金和本期预收的账款，扣除本期退回本期销售的商品和前期销售本期退回商品支付的现金。企业销售材料和代购代销业务收到的现金，也在本项目反映。

②"收到的税费返还"项目，反映企业收到返还的各种税款，如收到的增值税、消费税、营业税、所得税、教育费附加返还等。

③"收到的其他与经营活动有关的现金"项目，反映企业除了上述各项目外，收到的其他与经营活动有关的现金流入，如罚款收入、流动资产损失中个人赔偿的现金流入等，其他现金流入（如价值较大的），应单项目反映。

④"购买商品、接受劳务支付的现金"项目，反映企业购买商品、接受劳务实际支付的现金，包括本期购入商品、接受劳务支付的现金（包括增值税进项税额），以及本期支付前期购入商品、接受劳务的未付款项和本期预付款项。本期发生的购货退回的现金也应从本项目内扣除。

⑤"支付给职工以及为职工支付的现金"项目，反映企业实际支付给职工，以及为职工支付的现金，包括本期支付的其他费用，不包括支付的离退休人员的各项费用和支付给在建工程人员的工资等。企业支付给离退休人员的各项费用，包括支付的统筹退休金以及未参加统筹的退休人员的费用，在"支付的其他与经营活动有关的现金"项目中反映；支付的在建工程人员工资，在"购建固定资产、无形资产和其他长期资产所支付的现金"

项目反映。

企业为职工支付的养老、失业等社会保险基金、补充养老保险、住房公积金、支付给职工的住房困难补助、企业为职工缴纳的商业保险金，以及企业支付给职工或为职工支付的其他福利费等，应按职工的工作性质和服务对象，分别在本项目和"购建固定资产、无形资产和其他长期资产所支付的现金"项目反映。

⑥"支付的各项税费"项目，反映企业当期实际上税务部门的各种税金，以及支付的交一份、矿产资源补偿费、印花税、房产税、土地增值税、车船使用税、预交的营业税等。不包括计入固定资产价值、实际支付的耕地占用税等。

⑦"支付的其他与经营活动有关的现金"项目，反映企业除上述各项目外，支付的其他与经营活动有关的现金流出，如罚款支出、支付的差旅费、业务招待费现金支出、支付的保险费，其他现金流出如价值较大的，应单列项目反映。

（二）投资活动产生的现金流量的编制方法

现金流量表中的投资活动比通常所指的短期投资和长期投资范围要广，投资活动也包括非现金等价物的短期投资和长期投资的购买与处置、固定资产的购建和处置、无形资产的购建和处置等。通过单独反映投资活动产生的现金流量，可以了解为获得未来收益和现金流量而导致资源转出的程度，以及以前资源转出带来的现金流入的信息。投资活动现金流量各项目的内容如下：

①"收回投资数所收到的现金"项目，反映企业出售、转让或到期收回除现金等价物以外的交易性金融资产、长期投资而收到的现金，以及收回长期债权投资本金而收到的现金。不包括长期债权投资本金而收到的利息，以及收回的非现金资产。

②"取得投资收益所收到的现金"项目，反映企业因各种投资而分得的现金股利、利润、利息等。

③"处置固定资产、无形资产和其他资产而收到的现金净

额"项目，反映企业处置固定资产、无形资产和其他长期资产所收到的现金，扣除为处置这些资产而支付的有关费用后的净额。由于自然灾害所造成的固定资产等长期资产损失而收到的保险赔偿收入，也在本项目反映。

④"收到的其他与投资活动有关的现金"项目，反映企业除上述各项以外，收到的其他与投资活动有关的现金流入。其他现金流入如价值较大的，应单列项目反映。

⑤"购建固定资产、无形资产和其他长期资产所支付的现金"项目，反映企业购买、建造固定资产，取得无形资产和其他长期资产所支付的现金，不包括为购建固定资产而发生的借款利息资本化的部分，以及融资租入固定资产支付的租赁费。借款利息和融资租入固定资产支付的租赁费，在筹资活动产生的现金流量中单独反映。企业以分期付款方式购建的固定资产，其首次支付的现金作为投资活动的现金流出，以后各期支付的现金作为筹资活动产生的现金流出。

⑥"投资所支付的现金"项目，反映企业进行各种性质的投资所支付的现金，包括企业取得的除现金等价物以外的交易性金融资产投资、长期股权投资支付的现金、长期债券投资所支付的现金，以及支付的佣金、手续费等附加费用。

值得注意的是，企业购买股票和债券时，实际支付的价款中包括的已宣告发放但尚未领取的现金股利或已到付息但尚未领取的债券的利息，在投资活动的"支付其他与投资活动有关的现金"项目反映；收回购买股票和债券时支付的已宣告发放但尚未领取的现金股利或已到期但尚未领取的债券的利息，在投资活动的"收到的其他与投资活动有关的现金"项目反映。

⑦"支付其他与投资活动有关的现金"项目，反映企业除了上述各项以外，支付其他与投资活动有关的现金流出。其他现金流出如价值较大的，应单列项目反映。

(三) 筹资活动产生的现金流量的编制方法

现金流量表需要单独反映筹资活动产生的现金流量，通过现金流量表中反映的筹资活动的现金流量。可以帮助投资者和债权人预计对企业未来现金流量的要求权，以及获得前期现金流入而付出的代价。筹资活动现金流量各项目的内容如下：

① "吸收投资所收到的现金"项目，反映企业收到的投资者投入的现金，包括以发行股票方式筹集的资金实际收到股款净额（发行收入减去支付的佣金等发行费用后的净额）、发行债券实际收到的现金（发行收入减去支付的佣金等发行费用后的净额）等。以发行股票方式筹集资金而由企业支付的审计、咨询等费用，已经发行债券支付的发行费用在"支付的其他与筹资活动有关的现金"项目反映，不从本项目内扣除。

② "借款所收到的现金"项目，反映企业举借各种短期、长期借款所收到的现金。

③ "收到的其他与筹资活动有关的现金"项目，反映企业除上述各项目外，收到的其他与筹资活动有关的现金流入，如接受现金捐赠等。其他现金流入如价值较大的，应单列项目反映。

④ "偿还债务所支付的现金"项目，反映企业以现金偿还债务的本金，包括偿还金融企业的借款本金、偿还债券本金等。企业偿还的借款利息、债券利息，在"偿付利息所支付的现金"项目反映，不包括在本项目内。

⑤ "分配股利、利润和偿付利息所支付的现金"项目，反映企业实际支付的现金股利、利润，以及给其他投资的利息。

⑥ "支付的其他与筹资活动有关的现金"项目，反映企业除了上述各项外，支付的其他与筹资活动有关的现金流出。如捐款现金支持等。其他现金支出如价值较大的，应单列项目反映。

(四) "汇率变动对现金的影响"项目

"汇率变动对现金的影响"项目，反映企业外汇现金流量及境外子公司的现金流量折算为人民币时，所采用的现金流量发生日的汇率或即期汇率的近似汇率折算的人民币金额与"现金与现金等价物将增加额"中外币现金净增加额按期末汇率折算的人民币金额之间的差额。

（五）补充资料项目的内容及填列

补充资料中的"将净利润调节为经营活动的现金流量"，实际上是以间接法编制的经营活动的现金流量。间接法是以活动为出发点，净利润是利润表上反映的数据，在利润表中反映的净利润是按权责发生制确定的，其中有些收入、费用项目并没有实际发生现金流入和流出。通过对这些项目的调整，即可将净利润调节为经营活动现金流量。

采用间接法将净利润调节为经营活动的流量时，需要调整的项目可分为四大类：一是实际没有支付现金的费用；二是实际没有收到的现金的收益；三是不属于经营活动的损益；四是经营性应收应付项目的增加变动。

"将净利润调节为经营活动的现金流量"各项目的填列方法如下：

①"计提的资产减值准备"项目，反映企业计提的各项资产的损失准备。本项目根据"资产减值准备"科目的记录分析填列。

②"固定资产折旧"项目，反映企业本期累计提取的折旧。本项目根据"累计折旧"科目、"生产性生物资产累计折旧"科目的贷方发生额分析填列。

③"无形资产摊销"和"长期摊销费用"两个项目，分别反映企业本期累计摊入成本费用的无形资产的价值及长期待摊费用。这两个项目应根据"无形资产"科目、"长期待摊费用"科目的贷方发生额分析填列。

④"待摊费用减少（减：增加）"项目，反映企业本期待摊

费用的减少，本项目根据资产负债表"待摊费用"项目的期初、期末余额的差额填列；期末数大于期初数的差额，以"-"号填列。

⑤"预提费用的增加（减：减少）"项目，反映企业本期预提费用的增加。本项目根据资产负债表"预提费用"项目的期初、期末余额的差额填列；期末数大于期初数的差额，以"-"号填列。

⑥"处置固定资产、无形资产和其他长期资产的损失（减：收益）"，反映企业本期由于处置固定资产、无形资产和其他长期资产而发生的净损失。本项目根据"营业外收入""营业外支出""其他业务收入"、其他业务支出"科目所属有关明细科目的记录分析填列；如为净收益，以"-"号填列。

⑦"固定资产报废损失"项目，反映企业本期固定资产盘亏（减盘盈）的净损失。本项目根据"营业外支出""营业外收入"科目所属有关明细科目中固定资产盘亏损失减去固定资产盘盈收益后的差额填列。

⑧"财务费用"项目，反映企业本期发生的应属于投资活动或筹备活动的财务费用。本项目根据"财务费用"科目的本期借方发生额分析填列；如为收益，以"-"号填列。

⑨"投资损失（减：收益）"项目，反映企业本期投资所发生的损失减去收益后的净损失。本项目根据利润表"投资收益"项目的数据填列；如为投资收益，以"-"号填列。

⑩"递延税款贷项（减：借项）"项目，反映企业本期递延税款的净增加或净减少。本项目根据资产负债表"递延税款借项""递延税款贷项"项目的期初、期末余额的差额填列。"递延税款借项"的期末数小于期初数的差额，以及"递延税款贷项"的期末数大于期初数的差额，以正数填列；"递延税款借项"的期末数大于期初数的差额，以及"递延税款贷项"的期末数小于期初数的差额，以"-"号填列。

⑪"存货的减少（减：增加）"项目，反映企业本期存货的减少（减：增加）。本项目根据资产负债表"存货"项目的期初与期末余额的差额填列；期末数大于期初数的差额，以"－"号填列。

⑫"经营性应收项目的减少（减：增加）"项目，反映企业本期经营性应收项目（包括应收账款、应收票据、其他应收款和预付账款中与经营活动有关的部分）的减少（减：增加）。这里的应收账款、应收票据包括应收的增值税销项税额。

⑬"经营性应付款项目的增加（减：减少）"项目，反映企业本期经营性应付项目（包括应付账款、应付票据、应付福利费、应交税金、其他应付款、预收账款中与经营活动有关的部分）的增加（减：减少）。这里的应付账款、应付票据包括应付的增值税进项税额。

补充资料中的"不涉及现金收支的投资和筹资活动"，反映企业一定期间内影响资产或负债但不形成该期现金收支的所有投资和筹资活动的信息。这些投资和筹资活动虽然不涉及现金收支，但对以后各期的现金流量有重大影响。如融资租入设备，记入"长期应付款"科目，当期并不支付设备款及租金，但以后各期必须为此支付现金，从而在一定期间内形成了一项固定的现金支出。

不涉及现金收支的投资和筹资活动各项目的填列方法如下：

①"债务转为资本"项目，反映企业本期转为资本的债务金额。

②"一年内到期的可转换公司债券"项目，反映企业一年内到期的可转换公司债券的金额。

③"融资租入固定资产"项目，反映企业本期融资租入固定资产计入"长期应付款"科目的金额减去"未确认融资费用"科目余额后的金额。

四、现金流量表的格式

现金流量表分两部分,第一部分为表头、第二部分为正表(表8-5)。

表头概括地说明报表名称、编制单位、编制日期、报表编号、货币名称、计量单位等。

正表反映现金流量表的各个项目内容。正表有5项:

① 经营活动产生的现金流量;
② 投资活动产生的现金流量;
③ 筹资活动产生的现金流量;
④ 汇率变动对现金的影响;
⑤ 现金及现金等价物净增加额。

表8-5 现金流量表

会企03表

编制单位: 　　　　　20××年度　　　　　单位:元

项　目	行次	本年金额	上年金额
一、经营活动产生的现金流量:	1		
销售商品、提供劳务收到的现金	2		
收到的税费返还	3		
收到其他与经营活动有关的现金	4		
经营活动现金流入小计	5		
购买商品、接受劳务支付的现金	6		
支付给职工以及为职工支付的现金	7		
支付的各项税费	8		
支付其他与经营活动有关的现金	9		
经营活动现金流出小计	10		
经营活动产生的现金流量净额	11		
二、投资活动产生的现金流量:	12		

(续)

项　目	行次	本年金额	上年金额
收回投资收到的现金	13		
取得投资收益收到的现金	14		
处置固定资产、无形资产和其他长期资产收回的现金净额	15		
处置子公司及其他营业单位收到的现金净额	16		
收到其他与投资活动有关的现金	17		
投资活动现金流入小计	18		
购建固定资产、无形资产和其他长期资产支付的现金	19		
投资支付的现金	20		
取得子公司及其他营业单位支付的现金净额	21		
支付其他与投资活动有关的现金	22		
投资活动现金流出小计	23		
投资活动产生的现金流量净额	24		
三、筹资活动产生的现金流量：	25		
吸收投资收到的现金	26		
取得借款收到的现金	27		
收到其他与筹资活动有关的现金	28		
筹资活动现金流入小计	29		
偿还债务支付的现金	30		
分配股利、利润或偿付利息支付的现金	31		
支付其他与筹资活动有关的现金	32		
筹资活动现金流出小计	33		
筹资活动产生的现金流量净额	34		
四、汇率变动对现金的影响	35		
五、现金及现金等价物净增加额：	36		
期初现金及现金等价物余额	37		
期末现金及现金等价物余额	38		

补充资料	行次	本年金额	上年金额
1. 将净利润调节为经营活动现金流量：	39		
净利润	40		
加：资产减值准备	41		
固定资产折旧、油气资产折耗、生产性生物资产折旧	42		
无形资产摊销	43		
长期待摊费用摊销	44		
待摊费用减少（增加以"-"号填列）	45		
预提费用增加（减少以"-"号填列）	46		
处置固定资产、无形资产和其他长期资产的损失（收益以"-"号填列）	47		
固定资产报废损失（收益以"-"号填列）	48		
公允价值变动损失（收益以"-"号填列）	49		
财务费用（收益以"-"号填列）	50		
投资损失（收益以"-"号填列）	51		
递延所得税资产减少（增加以"-"号填列）	52		
递延所得税负债增加（减少以"-"号填列）	53		
存货的减少（增加以"-"号填列）	54		
经营性应收项目的减少（增加以"-"号填列）	55		
经营性应付项目的增加（减少以"-"号填列）	56		
其他	57		
经营活动产生的现金流量净额	58		
2. 不涉及现金收支的重大投资和筹资活动：	59		
债务转为资本	60		
一年内到期的可转换公司债券	61		
融资租入固定资产	62		

（续）

补充资料	行次	本年金额	上年金额
3. 现金及现金等价物净变动情况：	63		
现金的期末余额	64		
减：现金的期初余额	65		
加：现金等价物的期末余额	66		
减：现金等价物的期初余额	67		
现金及现金等价物净增加额	68		

第五节　会计报表附注

一、会计报表附注的意义

会计报表附注是对在资产负债表、利润表、所有者权益（或股东权益）变动表和现金流量表等报表中列示项目的文字描述或明细资料，以及对未能在这些报表中列示项目的说明等。

附注应当披露财务报表的编制基础，相关信息应当与资产负债表、利润表、所有者权益（或股东权益）变动表和现金流量表等报表中列示的项目相互参照。

二、会计报表附注的内容

会计报表附注一般应当以下顺序披露：
① 财务报表的编制基础。
② 遵循企业会计准则声明。
③ 重要会计政策的说明，包括财务报表项目的计量基础和会计政策的确定依据等。

④ 重要会计估计的说明,包括下一会计期间内很可能导致资产、负债账面价值重大调整的会计估计的确定依据等。

⑤ 会计政策和会计估计变更以及差错更正说明。

⑥ 对已在资产负债表、利润表、所有者权益(或股东权益)变动表和现金流量表中列示的重要项目进一步说明,包括终止经营税后利润的金额及其构成情况等。

⑦ 或有和承诺事项、资产负债表日后非调整事项、关联方关系及其交易等需要说明的事项。

企业应当在附注中披露在资产负债表日后、财务报表批准报出日前提议或宣布发放的股利总额和每股股利金额(或向投资者分配的利润总额)。

如果下列各项没有在与财务报表一起公布的其他信息中披露的,企业应当在附注中披露:

① 企业注册地、组织形式和总部地址。

② 企业的业务性质和主要经营活动。

③ 母公司以及集团最终母公司的名称。

三、生物资产和农产品有关信息在会计报表附注中的披露

会计报表附注是为了便于会计报表使用者理解会计报表的内容而对会计报表的编制基础、编制依据、编制原则和方法及主要项目所作的解释。它是会计报表的补充说明,是财务会计报告的重要组成部分。比如,有关生物资产重要会计政策和会计估计及其变更的说明,有关生物资产重要事项的说明,有关生物资产或有关事项的说明。此外,对于归并反映在资产负债表"存货"项目中的消耗性生物资产和农产品等需要说明的有关情况,都是生物资产和农产品会计报表附注应当包括的内容。

营林企业在会计报表附注的披露内容要补充以下7项规定:

① 披露企业生物资产分类的基础和分类的有关情况;

② 披露有关消耗性生物资产、农产品计提存货跌价准备的方法,可变现净值的确定依据以及发生跌价损失的原因;

③ 披露生产性生物资产计提减值准备的方法、可收回金额的确定依据以及发生减值损失的原因;

④ 披露生产性生物资产采用的折旧方法和折旧年限;

⑤ 披露报告期内生物资产的重大处置活动;

⑥ 披露期末作为抵押物的生物资产的账面价值及其有关情况;

⑦ 披露公益性生物资产及公益林基金账面价值在报告期内增减变动及结存情况。

第六节 营林企业内部会计报表

一、营林企业内部会计报表种类

营林企业内部会计报表,是为了满足企业内部管理,进行会计预测、决策、控制和加强财务管理的需要,由企业自行制定的会计报表。

根据营林企业的生产经营特点和管理要求应增加下列内部会计报表。

(1) 营会04表:林木资产增减变动表(见表8-6)

① 营会04表(附表1):用材林明细表(见表8-7)。

② 营会04表(附表2):防护林明细表(见表8-8)。

③ 营会04表(附表3):特种用途林明细表(见表8-9)。

④ 营会04表(附表4):经济林明细表(见表8-10)。

(2) 营会05表:育林基金收支表(见表8-11)

① 营会05表(附表1):营林生产作业成本明细表(见表8-16)。

表 8-6 林木资产增减变动表

20××年××月××日

编制单位：　　　　　　　　　　　　　　　　　　　　　　　　　　　单位：亩、m³、元　　　　　营合 04 表

林 种	行次	期初结存				本期增加												本期减少													期末结存			
		产量			金额	新造林				估价入账林				其他增加				拨交采伐				活立木拍卖				其他减少				产量			金额
						产量				产量				产量				产量				产量				产量							
		面积	蓄积	株数		面积	蓄积	株数	金额	面积	蓄积	株数	金额	面积	蓄积	株数	金额	面积	蓄积	株数	金额	面积	蓄积	株数	金额	面积	蓄积	株数	金额	面积	蓄积	株数	
用材林	1																																	
薪炭林	2																																	
防护林	3																																	
特种用途林	4																																	
经济林	5																																	
合计	28																																	

表 8-7 用材林明细表

营会 04 表（附表 1）

编制单位： 年 月 日 单位：亩，m³，元

项 目	行次	期初结存				本期增加										本期减少										期末结存			
		产量			金额	新造林				估价入账林				其他增加				拨交采伐				活立木拍卖				其他减少				产量			金额
		面积	蓄积	株数		产量			金额	产量			金额	产量			金额	产量			金额	产量			金额	产量			金额	面积	蓄积	株数	
						面积	蓄积	株数		面积	蓄积	株数		面积	蓄积	株数		面积	蓄积	株数		面积	蓄积	株数		面积	蓄积	株数					
一、木材																																	
（一）类																																	
水曲柳																																	
……																																	
（五）类																																	
椴树																																	
桦树																																	
马尾松																																	
其他																																	
（六）类																																	
泡桐																																	
杨树																																	
二、竹林																																	

表 8-8 防护林明细表

营会04表（附表2）

编制单位： 年 月 日

林 种	行次	期初结存			本期增加						本期减少						期末结存		
		产量		金额	工程造林			其他增加			更新采伐			其他减少			产量		金额
		面积	蓄积		产量		金额	产量		金额	产量		金额	产量		金额	面积	蓄积	
					面积	蓄积		面积	蓄积		面积	蓄积		面积	蓄积				
水源涵养林	1																		
水土保持林	2																		
防风固沙林	3																		
沿海防护林	4																		
农牧保护林	5																		
合计	6																		

表 8-9 特种用途林明细表

编制单位：　　　　　　　　　　　　　　　　　　　年　月　日　　　　　　　　　　　　　　　　　　营会04表（附表3）

林 种	行次	期初结存			本期增加						本期减少						期末结存		
		产量		金额	工程造林			其他增加			更新采伐			其他减少			产量		金额
					产量		金额	产量		金额	产量		金额	产量		金额			
		面积	蓄积		面积	蓄积		面积	蓄积		面积	蓄积		面积	蓄积		面积	蓄积	
试验林	1																		
母树林	2																		
风景林	3																		
名胜古迹林	4																		
革命圣地林	5																		
其他树种林	6																		
合计	7																		

表 8-10 经济林明细表

年　月　日

编制单位： 营会04表（附表4）

林种	行次	期初结存				本期增加				本期减少				期末结存				累计折耗
		产量		蓄积	金额	产量		蓄积	金额	产量		蓄积	金额	产量		蓄积	金额	
		面积				面积				面积				面积				
果树林																		
公用油料林																		
饮料林																		
调香料林																		
药材林																		
工业原料林																		
其他经济林																		
合计																		

表8-11 育林基金收支表

年度

编制单位：　　　　　　　　　　　　　　　　　　　　　　　　　　营会05表
单位：元

项　目	行次	本年计划	本年实际	上年实际	项　目	行次	本年计划	本年实际	上年实际
一、企业收入	1				一、企业支出	24			
1. 本年收入	2				1. 本年支出	25			
(1) 提取留用的育林费	3				(1) 转作林木资产	26			
(2) 上级拨入的育林费	4				(2) 营林费用支出	27			
(3) 营林产品销售净收入	5				(3) 转作固定资产	28			
其中：a. 种苗	6					29			
b.……	7					30			
(4) 拨入的营林专项经费	8					31			
(5) 其他营林收入	9					32			
其中：征收的育林费	10					33			
林政罚款收入	11					34			
2. 上年结转	12				2. 结转下年	35			
	13					36			
二、主管部门合计	14				二、主管部门合计	37			
1. 本年收入	15				1. 本年支出	38			
(1) 企业上交的当年育林费	16				(1) 拨付地方林业支出	39			
(2) 企业上交上年欠育林费	17				(2) 拨付所属企业支出	40			
(3)	18					41			
2. 上年结转	19				2. 结转下年	42			
	20					43			
	21					44			
	22					45			
	23					46			

② 营会 05 表（附表 2）：营林费用支出表（见表 8-17）。
③ 营会 05 表（附表 3）：营林工程项目支出表（见表 8-15）。
④ 营会 05 表（附表 4）：种苗经营成果表（见表 8-14）。
⑤ 营会 05 表（附表 5）：苗木成本表（见表 8-13）。
⑥ 营会 05 表（附表 6）：林木种子产品成本表。
（3）营会 06 表：林木资产考核评价表
表格样式详见表 8-18。

二、林木资产增减变动表

（一）林木资产增减变动表的结构和编制方法

林木资产增减变动表是反映营林企业完工验收或估价入账的林木资产的构成及增减变动情况的会计报表。

表 8-5 按林种填列，根据林木资产特点和常用的林业分类标准，分为用材林、薪炭林、防护林、特种用途林和经济林。竹林在用材林中填列。

表 8-5 项目分为"初期结存""本期增加""本期减少"和"期末结存"4 栏次，其中"产量"要求按面积、蓄积和株数填列，其中新造林只填"面积"和"株数"，不填蓄积，经济林和竹林也只填"面积"和"株数"，不填蓄积；"新造林"按营造林木资产工程项目验收合格后的面积、株数和全额填列；"估价入账林"根据上级主管部门批复后的林木资产估价入账数据填列；以收买青山形式购进的林木资产，由于产权变动增加的林木资产，以及捐款增加的林木资产等在"其他增加"栏填列；由于自然生长增加的林木也按"其他增加"栏填列，但只增加蓄积，不增加金额；拨交采伐和拍卖的林木资产要分别填列；由于产权变动引起的林木资产减少，以及由于森林火灾及病虫害等自然灾害造成的林木资产减少和乱砍滥伐等人为因素造成的林木资产损失，没经上级主管部门和同级财政部门批注，只能作为面积、蓄积和株

数减少,不能作为成本减少。林木资产增减变动表的结构和格式见表8-6。林木资产增减变动表由实物量数据和价值量数据组成。

1. 实物量数据的填列依据

林木资产增减变动的实物量数据依据森林资源调查资料、年度营林和采伐生产作业数据和森林资源档案等填列。

① 全国森林资源清查资料,简称一类调查。它以县或林业局为落实森林资源的基本单位。清查内容以各类林木资产面积、蓄积量及其生长量、枯损量为主。

② 森林经理调查资料,简称二类调查。林木资产清查落实到小班,清查内容包括小班的面积、蓄积量、生长量和枯损量,以及立地条件、自然条件、经济条件及今年共有情况的调查。

③ 作业调查资料,简称三类调查,是生产作业前的调查。如伐区调查、造林地调查、森林抚育调查和林分改造调查等。

④ 年度生产经营数据,包括林木采伐面积、蓄积和树种,更新造林面积与树种等资料。

⑤ 森林资源档案资料。

⑥ 年度专项调查成果,如更新造林成活率调查、林木资源消耗量调查和灾害损失调查等。

⑦ 其他反映当年林木资产数量、质量及变动情况的资料。

2. 价值量数据填列依据

林木资产增减变动的价值量数据依据"表8-6 林木资产增产变动表"的期初数、本期增加数和本期减少的数据填列。

林木资产增减变动表的"期初结存"和"期末结存"的合计数据与"资产负债表"中的"林木资产"行次的年初数和期末数相等。

本期"用材林""防护林"和"经济林"行次的数据应与"用材林明细表""防护林明细表""经济林明细表"的有关数据核对一致。

(二)用材林明细表的结构和编制方法

1. 用材林明细表

用材林明细表是反映用材林的结构及存量增减变动情况的会

计报表［营会04表（附表1），即表8-7］。为规范用材林的树种分类，便于与统计核算、资源核算链接，组成有机用材林核算体系，根据国家林业局制定的分类标注，用材林分为木材林和竹林两部分。木材林按主要树种分为6类。

用材林明细表的项目分为"期初结存""本期增加""本期减少"和"期末结存"4个栏目，其填列方法与"林木资产增减变动表"的填列方法相同。用材林明细表的结构和格式见表8-7。

2. 经济林明细表

经济林明细表是反映经济林的结构和存量增减变动情况的会计报表（表8-10）。

根据经济林的特点和常用的林业分类标准，经济林按具体林种分类，一般分为果树林、食用油料林、饮料林、调香料林、药材林、工业原料林、其他经济林等大类。

经济林明细表的项目分为"期初结存""本期增加""本期减少""期末结存"和"累计折耗"5个栏目，其中产量栏目要分别填列"面积"和"株数"；金额数据依据"经济林明细表"的期初、本期增加和本期减少的数据计算填列；累计折耗数据则依据"累计折耗"会计科目的期末余额填列。经济林明细表的结构和格式见表8-10。

3. 防护林明细表和特种用途林明细表

防护林明细表和特种用途林明细表的结构和格式见表8-8和表8-9，编制方法参照用材林明细表和经济林明细表的填列方法。

三、育林基金收支表

（一）育林基金收支表的结构和编制方法

育林基金收支表是反映企业在年度育林基金的来源、支出和结余情况的会计报表。编制本表是为了考核育林基金收支计划的执行情况，分析育林基金来源、支出和结余增减变化的原因。

1. 育林基金收支表的结构

育林基金收支表是总括营林企业在某一特定日期全部育林基金运用、来源和结余的静态报表，格式见表8-11。该表分左右两边，左边反映育林基金的本年收入和上年结转，右边反映育林基金的本年支出和结转下年。本表每方包括企业合计和主管部门合计两部分，以适应现行的育林基金提取后，企业留用70%，交上级主管部门30%调剂使用的规定，全面反映提取的育林基金在企业和上级主管部门的收入、支出和结余情况。由于企业自收自用的育林基金。视同国家专项拨款处理，节余留用，超支不补，故育林基金收支表两方总额相等，保持平衡。本表左右两边又分为"本年计划""本年实际""上年实际"三栏。"本年计划"栏填列上报主管部门最后核定数据。在未核定前，应填列企业最后上报计划的数据。"本年实际"栏，根据"专项应付款——育林费""专项应付款""拨入事业费"等有关科目的数据填列。"上年实际"栏填列上年年度决算批复数据。

2. 育林基金收支表各项目的内容及填列方法

（1）企业收入和上年结转部分

本部分由企业填列。其中：

①"本年收入"项目，反映企业育林基金的本年收入情况，本项目根据"专项应付款——育林费""专项应付款"或"拨入事业费"等科目的贷方发生额计算填列，其中：

A."提取留用的育林基金"项目，反映企业在木材销售环节，或在木材生产成本中，按规定比例提取留给企业的育林基金，等于企业本年度提取的育林基金减去按规定比例应交主管部门后的余额。

B."上级拨入的育林基金"项目，反映企业实际收到主管部门拨入的育林基金。

C."营林产品销售净收入"项目，反映企业抚育伐材、苗木和种子等营林产品销售净收入，包括种苗商品化经营企业在生产过程中实现的盈利。

D．"拨入的营林专项经费"项目，反映上级主管部门拨入的护林防火等营林事业专项经费。

E．"其他营林收入"项目，反映企业按规定征收的育林费和林政罚款收入等。

②"上年结转"项目，反映企业年初的育林费，本项目根据"转项应付款""拨入事业费"或"专项应付款——育林费"等科目的年初数填列。

（2）主管部门收入和上年结转部分

本部分由企业主管部门填列，其中：

①"企业上交的当年育林费"项目，反映企业按规定当年应交主管部门集中调剂使用的育林费的实际上交数据。

②"企业上交上年欠育林费"项目，反映企业当年上交的补交以前年度主管部门的育林费。

（3）企业支出和结转下年部分

本部分由企业填列。其中：

①"本年支出"项目，反映企业本年育林基金支出，本项目根据"专项应付款""拨入事业费"和"专项应付款——育林费"科目的本年借方发生额填列。其中：

A．"转作林木资产"项目，反映企业林木资产工程项目完成验收合格转作林木资产的育林费支出。本项目根据"林木资产"科目的本年借方发生额填列。

B．"营林费用支出"项目，反映企业按规定标准准予核销的营林费用和事业费支出。本项目根据"营林费用"和"拨入事业费"科目的本年借方发生额计算填列。

C．"转作固定资产"项目，反映企业用育林基金购置的固定资产支出。

②"结转下年"项目，反映企业结转下年支出的育林基金。本项目根据"专项应付款""拨入事业费"和"专项应付款——

育林费"科目的期末余额填列。

(4) 主管部门支出和结转下年部分

本部分由主管部门填列。其中：

① "拨付地方林业支出"项目，反映主管部门按规定拨付地方林业支出的育林基金。

② "拨付所属企业支出"项目，反映主管部门按规定集中的育林基金拨付所属企业调剂使用的育林基金。

3. 与有关附表的核对关系

① 表 8-11 第 5 行"营林产品销售净收入"中的种苗的"本年实际数"应与"表 8-14 种苗经营成果表"中"盈或亏"的合计数相等。

② 表 8-11 第 26 行"转作林木资产"的"本年实际数"应与"营林生产作业成本表"24 行本年完成生产作业成本的总成本数据相等，与"林木资产表"23 行本年增加金额相等。

③ 表 8-11 第 27 行"营林费用支出"的"本年实际数"应与"表 8-17 营林费用支出表"费用总额的数据相等。

④ 表 8-11 第 28 行"转作固定资产"的"本年实际数"应与"表 8-17 营林费用支出表"的支出金额实际栏的数据相等。

(二) 育林基金收支表附表的结构和编制方法

1. 林木种子产品成本表

表 8-12 具体反映企业本期林木种子的生产总成本，以及分树种的产量、单位成本和总成本构成情况。编制表 8-12 是为了分析林木种子生产成本的总成本情况，以考核林木种子生产成本计划的执行情况。

(1) 林木种子产品成本表的结构

表 8-12 按树种设置栏次。树种分为针叶和阔叶两大类，其中针叶以红松和落叶松分别明细填列，云杉和樟子松等其他针叶树种汇总后在其他针叶一笔填列；阔叶以杨树和水曲柳分别

表 8-12 林木种子产品成本表

编制单位：　　　　　　　　　年　月　日　　　　　　　　　　　　　　　　　营会05表（附表6）

项目	行次	成本合计	红松		落叶松		其他针叶		杨树		水曲柳		其他阔叶	
			数量	金额	数量	成本	金额	数量	成本	金额	数量	成本	金额	数量	成本	金额
		1	2	3	4	5	6	7	8	9	10	11	12	13	14	15	16	17	18	19
一、期初在产品	1																			
1. 球果	2																			
2. 纯子	3																			
二、本期生产	4																			
1. 原果采集	5																			
2. 球果加工	6																			
3. 采集加工	7																			
4. 纯子采购	8																			
三、减自然损耗	9																			
1. 球果	10																			
2. 纯子	11																			
四、减其他减少	12																			
1. 球果	13																			
2. 纯子	14																			
五、本期完成品	15																			
六、期末在产品	16																			
1. 球果	17																			
2. 纯子	18																			

明细反映，黄波罗等其他阔叶树种一并在其他阔叶项目综合反映。

表 8-12 的项目分为"期初在产品""本期生产""减自然损耗""减其他减少""本期完成品"和"期末在产品"6 个部分。林木种子"在产品"项目按其形态分球果和纯子分别反映。"本期生产"项目按自营采集和纯子收购两种生产方式分别填列。其中自营采集又要求按原果采集、球果加工分段作业和采集加工混合流水作业两种劳动形式分别反映。"林木种子产品成本表"的结构和格式见表 8-12。

（2）表 8-12 的编制方法

① 表 8-12 林木种子的期初在产品、本期生产、本期完成和期末在产品成本根据"林木种子生产成本明细账"的期初、本期发生额和期末结存的有关数据分析计算填列。

② 各树种的本期生产数量和完成数量依据种子生产验收单和入库验收单的数据填列。

③ 在林木种子生产过程中，应加强检查验收，定点盘点。属于自然损耗列入"自然损耗"行次；属于其他减少列入"其他减少"行次。

（3）表 8-12 核对关系

① 表 8-12 第 15 行本期完成成品合计加"表 8-14 种苗经营成果表"10 行 3 栏的合计数减"种苗经营成果表"10 行 8 栏数据应等于"种苗经营成果表"10 行 12 栏数据，而且其中各树种的数据也相互核对一致。

② 表 8-12 第 1 行期初在产品和 16 行期末在产品的合计数应与"存货表"18 行"林木种子"年初数和期末数相等。

2. 苗木成本表

苗木成本表（表 8-13）反映企业在年度内的苗木产品产量和生产成本的经营情况，编制本表是为了分析和考核苗木产量和生产成本的增减变动和在产品结存情况。

编制单位：

表 8-13　苗木成本表

营会 05 表（附表 5）

年　月　日

项目	行次	年初在产品			本年生产数量			本年完成			其他增减			年末在产品									单位成本
		数量		金额	数量		金额	数量		金额	数量		金额	亩数			数量				约当产量	金额	
		亩数	株数/千株		亩数	株数/千株		亩数	株数/千株		亩数	株数/千株		新播	留床	换床	育苗小计	1年生	2年生	3年生	小计			
甲	N	1	2	3	4	5	6	7	8	9	10	11	12	13	14	15	16	17	18	19	20	21	22	23	24
红松																									
落叶松																									
……																									
合计																									

（1）苗木成本表结构

① 表8-13分为"年初在产品"结存、"本年生产""本年完成""其他增减"和"年末在产品"结存5个栏次。每栏分别按数量和金额反映。其中数量按亩数和株数分别填列。由于苗木为多年生，且采取不同经营方式，因此株数不仅要求分别填列各年生的苗木产量，还要计算苗木的约当产量，以计算苗木的千株成本。

② 表8-13项目按树种划分，与林木种子产品成本一致，即红松、落叶松、青杨和水曲柳分别各自填列。其他树种按其属性归类分别汇总填列其他针叶或其他阔叶。苗木成本表的结构和格式见表8-13。

（2）苗木成本表编制方法

①"年初在产品"结存"本年生产""本年完成"和"年末在产品"结存的成本费用依据树种苗木生产成本明细账的有关数据计算填列。

② 报表的产量数据，在床苗木按抽样调查数据填列，出圃苗木按苗木出圃产量填列。

③ 约当产量的计算，以实际核算或实际分析测定的各树种各苗龄的苗木资料，计算各树种的约当产量计入年末在产品结存的数量栏次。

（3）苗木成本表核对关系

①"本年生产"栏的亩数和株数分别与"年末在产品"栏的新播的亩数和株数中的1年生相等。

②"本年完成"栏中的各树种和金额应与"种苗经营成果表"中"本期累计调拨"栏的相应树种的数量和成本一致。

③ 本表亩数、株数和成本的年初在产品结存加本年生产减本年完成，应等于期末在产品结存。由于在床苗木的产量是采取抽样调查的方法计算的，必然存在误差，并且由于自然灾害等因素影响面积和产量也会发生变化，因此，允许亩数和株数的差异在"其他增减"栏填列，但成本金额要求一致不允许有误差。

④ 本表14行年初在产品结存金额与年末在产品结存金额应与存货表17行的年初数和期末数相等。

3. 种苗经营成果表

种苗经营成果表是反映种苗经营成果情况的报表,编制本表是为了全面反映和评价种苗生产经营的销售收入、生产成本和盈亏等经营成果情况(表8-14)。本表为种苗商品化生产的企业使用。

表 8-14　种苗经营成果表

编制单位:　　　　　　　　　年　月　日　　　　营会05表(附表4)

项目	行次	计量单位	期初结存产品			本期累计调拨					盈或亏	自然损耗数量	期末产品结存		
						收入			成本						
			数量	单位成本	金额	数量	单位成本	金额	数量	单位成本	金额			数量	单位成本	金额
			1	2	3	4	5	6	7	8	9	10	11	12
一、苗木产品小计	1	千株													
1. 红松	2	千株													
2. 落叶松	3	千株													
3. 其他针叶	4	千株													
4. 杨树	5	千株													
5. 水曲柳	6														
6. 其他阔叶	7	千株													
二、种子产品小计	8														
1. 红松	9	kg													
2. 落叶松	10	kg													
3. 其他针叶	11	kg													
4. 杨树	12	kg													
5. 水曲柳	13	kg													
6. 其他阔叶	14	kg													
合计	15	kg													

(1) 种苗经营成果表的结构

本表分为"期初结存产品""本期累计调拨""盈或亏""自然损耗数量"和"期末产品结存"5个栏次,项目分为苗木产品和种子产品两部分。苗木产品和种子产品统一按树种分类,分为针叶和阔叶两大类。其中针叶以明细填列红松和落叶松的增减变动情况,云杉和樟子松等其他针叶树种统一在其他针叶行次一笔填列;阔叶以明细反映杨树和水曲柳的增减变动情况,黄波罗和榆树等其他阔叶树种一并在其他阔叶中综合反映,具体明细树种的填列可由各地区根据树种分部情况灵活挑选。

(2) 种苗经营成果表的编制方法

① 林木种子产品的期初结存和期末产品结存依据"产成品"科目的"林木种子产成品"明细科目的期初数和期末数填列。苗木生产秋季起苗越冬窖藏或假植的苗木,视同在床苗木,因此苗木产品没有期初和期末产品结存。

② "本期累计调拨"栏次的收入和成本数据依据"营业收入"和"营业成本"及有关科目的明细科目的数据填列。

(3) 种苗经营成果表的核对关系

① 本表"盈或亏"栏的合计数应与"表8-11 育林基金收支表"6行"种苗净收入"和实际数相等。

② 本表1行的本期累计调拨的"成本金额"栏的苗木产品小计应与"苗木成本表"中"本年金额"栏的合计数相等。

③ 本表的本期累计调拨的"成本金额"栏的种子产品小计应与"表12 林木种子产品成本表"中"本期完成产品"的成本合计数据相等。

4. 营林工程项目支出表

① 营林工程项目支出表反映企业用于固定资产的育林费支出情况,编制本表是为了分析和考核营林工作项目的计划完成情况。营林工程项目支出表的格式见表8-15。

表 8-15　营林工程项目支出表

营会 05 表（附表 3）

编制单位：　　　　　　　　　年　月　日　　　　　　　　　单位：元

项目	计量单位	结构或规格	数量		单位费用		支出金额		其　中			
			计划	实际	计划	实际	计划	实际	直接材料费	直接工资	其他直接费	制造费用

② 营林工程项目支出表结构和编制方法。

本表分为"项目""计量单位""结构或规格""数量""单位费用"和"支出费用"等栏次。为了反映营林工程项目的计划完成情况"数量"栏和"单位费用"栏要求按计划数和实际数填列，为了便于成本分析"支出金额"栏要求按料工费等费用项目详细填列。本表项目的填列，要求按营林道路、生产设施和设备归类再分别按具体工程项目明细填列，要求具体注明工程项目或规格。本表各项目支出金额根据"在建工程"和"固定资产"科目的有关明细科目分析计算填列。本表"支出金额"栏的总合计数据应与"表 8-11　育林基金收支表"27 行数据相等。

5. 营林生产作业成本表

营林生产作业成本表（表 8-16）反映企业的更新造林工程项目的生产作业成本的年初成本、本年投入、本年验收合格和年末结存的增减变动情况。编制本表是为了考核更新造林各生产作业项目的生产作业成本的完成情况，分析各生产作业成本升降的原因。

（1）营林生产作业成本表的结构

为了全面反映更新造林生产作业按生产项目的作业数量和生产成本的投入、完成和结存情况，以及本期投入各生产项目的作业成本的构成情况，根据更新造林生产工艺的特定和更新造林生产成本的核算要求，本表分为"年初生产成本""本年生产作业成

表 8-16 营林生产作业成本表

编制单位： 年 月 日 营会 05 表（附表 1） 单位：元

生产作业项目	行次	计量单位	年初生产作业成本			本年生产作业成本							本年完成生产作业成本			其他增减			年末生产作业成本		
			作业数量	单位成本	总成本	合计			总成本					作业数量	单位成本	总成本	作业数量	单位成本	总成本	作业数量	单位成本	总成本
						种苗费	直接材料	直接工资	其他直接费	制造费用											
一、森林更新与造林	1																				
1. 更新造林调查设计	2																				
2. 人工更新	3																				
(1) 人工更新	4																				
①已整地	5																				
②未整地	6																				
(2) 速生丰产林	7																				
(3) 人工促进更新	8																				
3. 宜林地造林	9																				
(1) 荒山荒地造林	10																				
(2) 沼泽地造林	11																				

(续)

生产作业项目	行次	计量单位	年初生产作业成本			本年生产作业成本						本年完成生产作业成本			其他增减			年末生产作业成本		
			作业数量	单位成本	总成本	作业数量	单位成本	总成本合计	种苗费	直接材料	直接工资	其他直接费	制造费用	作业数量	单位成本	总成本	作业数量	单位成本	总成本	作业数量	单位成本	总成本
(3) 速生丰产林	12																		
(4) 飞播造林	13																		
4. 幼林抚育	14																		
5. 为下年整地	15																		
(1) 普通整地	16																		
(2) 非丰产林整地	17																		
二、森林抚育	18																		
1. 人工成林抚育	19																		
(1) 常规林透光抚育	20																		
(2) 常规林间伐抚育	21																		
(3) 速生丰产林抚育	22																		
2. 天然幼林抚育	23																		
合计	24																		

本""本年完成生产作业成本"和"年末生产作业成本"4个栏次。为便于分析和考核，每个栏次要求按"作业数量""单位成本"和"总成本"分别填列。其中"本年生产作业成本"的"总成本"栏次要求按"种苗费""直接材料费""直接工资""其他直接费"和"制造费用"等成本项目分别反映，考虑人工林的作业面积广，易受自然灾害的侵袭，数量很难准确计算，本表设置了"其他增减"等栏次。只做数量增减，不做金额增减。

生产作业项目在总体上分为"森林更新与造林"和"森林抚育"两大部分，每部分要求按迹地类型、造林方式和抚育方式，以及生产作业工序分别填列。营林生产作业成本表的结构和格式见表8-16。

（2）营林生产作业成本表的编制方法

① 本表的"作业数量"栏次，包括本年生产作业数量和本年验收合格完成的生产作业数量，应与生产和统计等部门核对无误后填列。

② 本表的"总成本"栏次，包括年初成本结存、本年成本投入、本年成本转出和年末成本结存，应分别根据"营林生产作业成本明细账"的年初数、本期发生数和期末数据计算填列。

③ 本表的"其他增减"栏一般只做数量减少，遇有人力不可抗拒的自然灾害，经上级主管部门和财政部门批准后才能做金额减少。

（3）营林生产作业成本表核对关系

① 本表中的本年完成生产作业成本的总成本合计数应与"表8-11 育林基金收支表"的26行"转作林木资产"项目的本年实际数栏数据相等。

② 本表中的年末生产作业成本的总成本合计数应与"存货表"15行人工林的期末数相等。

6. 营林费用支出表

营林费用支出表（表8-17）反映营林费用支出的增减变动情况，编制本表是为了分析考核营林费用支出的计划完成情况，

表 8-17 营林费用支出表

营会 05 表（附表 2）

编制单位： 年 月 日 单位：元

生产作业项目	行次	计量单位	数量			单位费用			费用总额					
			本年计划	本年实际	上年实际	本年计划	本年实际	上年实际	合计	直接材料	直接工资	其他直接费	制造费用	管理费用
一、防林防火														
1. 打防火线费用														
2. 防火线路及设施维护费用														
3. 护林防火人员经费														
4. 护林防火业务费														
二、病虫害防治														
1. 防治业务费														
2. 防治人员经费														
三、气象站费用														
四、营林科学研究试验费														
五、制造费用														
六、营林分摊的管理费用														
七、其他														
合计														

以及与上年同期对比的增减变化情况。

（1）营林费用支出表结构

本表包括"数量""单位费用"和"费用总额"3个栏次。为便于分析和考核，数量和单位费用两个栏次要求按本年计划、本年实际和上年实际分别填列，费用总额要求按费用项目分别填列。营林费用支出表的结构和格式见表8-17。

（2）营林费用支出表各项目的内容和填列方法

①"打防火线费用"项目，指为打各种防火线所发生的费用，但不包括森林铁路两侧的防火线。

②"防火线路及设施维护费用"项目，指防火通信线路。公路及其他防火设施的维护费用。

③"护林防火人员经费"项目，指专职护林防火人员、营林员、木材检查站人员等的经费支出。

④"护林防火业务费用"项目，指为宣传护林防火及其他业务所发生的费用。

⑤"防治业务费"项目，指为防治森林病虫害及鼠害所发生的人工费、药材费、材料费、设备使用费等。

⑥"防治人员经费"项目，指病虫害防治站及其研究试验的经费。

⑦"气象站费用"项目，指气象站的经费支出。

⑧"营林科学研究试验费"项目，指营林科学研究部门的经费和研究试验费用。

⑨"制造费用"项目，指林场为组织和管理营林事业所发生的费用和分摊林场的制造费用。

⑩"营林分摊的管理费用"项目，指营林生产按规定分摊的企业管理费用。

"其他"项目，指除以上各项目以外的其他费用。

以上各项根据"营林费用"科目所属明细科目的有关数据计算填列，本表中的"合计"数据与同级财政部门实际数据相等。

四、林木资产考核评价表

林木资产考核评价表是系统反映林木资产投入、生长、消耗、利用和储量、流量、存量资产之间的内在关系,全面揭示林木资产经营和利用经济效益的会计报表。

林木资产考核评价表由实物量指标和价值量指标两部分组成,分"计划""本年实际""上年同期"3个栏次分别填列。林木资产考核评价表的结构和格式见表8-18。

表8-18　林木资产考核评价表

编制单位:　　　　　　　　　年度　　　　　　　　营会06表

项　目	行次	计划	本年实际	上年同期
一、实物量指标	1			
1. 造林成活率	2			
2. 造林面积保存率	3			
3. 迹地采伐更新率	4			
4. 森林覆盖率	5			
5. 林木蓄积净增长量	6			
6. 单位面积林木平均生长量	7			
二、价值量指标	8			
1. 更新造林成本降低率	9			
2. 营林费用支出降低率	10			
3. 林木资产报酬率	11			
4. 林木资产销售利润率	12			
5. 林木资产收益率	13			
6. 林木资产保值增值率	14			

（一）实物量指标的内容和填列方法

实物量指标包括造林成活率、造林面积保存率、迹地采伐更新率、森林覆盖率、林木蓄积净增长量和单位面积林木平均生长量。

1. 造林成活率

造林成活率是反映更新造林质量的指标，是苗木质量、整地质量、植苗质量和幼林质量等的综合反映，是一个非常重要的指标。造林成活率是指在更新或造林地上单位面积（公顷或亩）上成活的种植点数与造林时的种植点数和设计的点数的百分比。种植点数计算，种植苗以株数计，直播以穴数计。计算公式如下：

$$造林成活率 = 成活率（穴）数 \div 栽植（穴）数 \times 100\%$$

或

$$造林成活率 = (人工壮苗数 + 1/2 弱苗数) \div \frac{实际或}{设计株数} \times 100\%$$

上式中栽植数大于设计株数时，以栽植数为准，小于设计密度时，按设计密度计算。

壮苗是指检查时高于或达到省指标规定的Ⅰ、Ⅱ级苗标准，当年具有明显的高生长、生长旺盛、色泽正常、顶芽饱满、无损伤的苗木。弱苗是苗高低于壮苗标准，当年高生长不明显或虽有高生长但色泽发黄、顶梢干枯、折断、无顶芽的以及补植1个月以上但不足3个月的苗木。

根据更新造林技术规程规定：造林成活率评定标准是一等成活率为85%以上，二等成活率为41%~85%，三等成活率为40%以下。

2. 造林面积保存率

造林面积保存率是造林3年后，达到保存林数标准面积与原造林面积之比。采用百分数表示。计算公式如下：

$$\frac{造林面积}{保存率} = \frac{更新造林}{合格面积} \div \frac{更新造林}{实施面积} \times 100\%$$

3. 采伐迹地更新率

采伐迹地更新率是反映营林企业当年应更新迹地的更新情况的指标。利用该指标，可以分析营林企业营林生产与森林采运的比例关系，分析营林企业贯彻以营林为基础方针的执行情况。采

伐迹地更新率,以当年迹地更新面积与当年应更新迹地面积之比表示。计算公式如下:

$$采伐迹地更新率 = \frac{当年迹地更新面积}{当年应当更新迹地面积} \times 100\%$$

上式中当年应更新迹地面积,是上一年度采伐应由本年进行更新的采伐迹地面积与按长期计划安排用由本年更新的火烧迹地、林中空地及以往采伐欠更新应由本年补上的采伐迹地面积之和。

上式中迹地更新面积应包括人工更新、人工促进天然更新和天然更新面积之和,但不包括补植面积。

4. 森林覆盖率

森林覆盖率是指在一定区域内森林面积占土地总面积的百分比。森林覆盖率是反映该区域森林资源丰实程度的指标,可以作为企业确定经济规划和森林工作方针的依据。计算公式如下:

$$森林覆盖率 = 有林地灌木林面积 \div 经营总面积 \times 100\%$$

5. 林木蓄积净增长量

林木蓄积净增长量指标,是指计算期内企业全部森林资源的林木蓄积量去掉各种消耗之后净生长量的指标,它是反映营林生产成果最重要的指标之一。计算公式如下:

$$林木蓄积净增长量 = 期末林木蓄积量 + 期内采伐蓄积量 - 期初林木蓄积量$$

其中,期内采伐蓄积量应包括主伐、间伐以及林分改造所消耗的林木蓄积。

对营林企业来说,林木蓄积净生长量的增加。意味着企业营林生产水平的提高,经营管理工作的改善,森林保护工作的加强。因此,这一指标是衡量营林企业管理工作好坏的一个重要指标,也是计算营林企业营林生产经济效益的一个重要依据。

(二) 价值量指标的内容和填列方法

1. 更新造林成本降低率

更新造林成本降低率衡量营林企业更新造林成本节约的水平

或能力。计算公式如下:

$$\text{更新造林成本降低率} = \left(\text{本期更新造林成本} - \text{上期更新造林成本}\right) \div \text{上期更新造林成本} \times 100\%$$

2. 营林费用支出降低率

营林费用支出降低率衡量营林企业节约营林费用的水平或能力。计算公式如下:

$$\text{营林费用支出降低率} = \left(\text{本期营林费用支出额} - \text{上期营林费用支出额}\right) \div \text{上期营林费用支出额} \times 100\%$$

3. 林木资产报酬率

林木资产报酬率衡量林木资产获利能力。计算公式如下:

$$\text{林木资产报酬率} = (\text{利润总额} + \text{利息支出}) \div \text{平均林木资产总额} \times 100\%$$

$$\text{平均林木资产总额} = (\text{期初林木资产} + \text{期末林木资产}) \div 2$$

4. 林木资产销售利润率

林木资产销售利润率反映营林企业销售林木资产的获利水平。计算公式如下:

$$\text{林木资产销售利润率} = \text{林木资产销售利润总额} \div \text{林木资产销售收入} \times 100\%$$

5. 林木资本收益率

林木资本收益率反映营林企业投资者投入林木资产的获利水平。计算公式如下:

$$\text{林木资本收益率} = \text{净收入} \div \text{林木资产} \times 100\%$$

6. 林木资产保值增值率

林木资产保值增值率反映营林企业投入林木资产的完全性和保全性。计算公式如下:

$$\text{林木资产保值增值率} = \text{期末林木资产总额} \div \text{期初林木资产总额} \times 100\%$$

林木资产保值增值率=100%为保值,林木资产保值增值率>100%为增值。

参考文献

财政部，国家林业局. 育林基金征收使用管理办法（财综 [2009] 32 号）. 2009-5-25.

国家林业局. 林业重点生态工程建设资金会计核算办法. 2005-01-01.

国家林业局办公室. 国家农业综合开发部门项目管理办法林业项目实施细则（试行）（办计字 [2009] 93 号）. 2009-06-12.

财政部. 国家农业综合开发资金和项目管理办法（财政部令第 60 号）. 2010-09-04.

财政部. 农业综合开发资金会计制度（财发 [2001] 55 号）. 2002-01-01.

财政部. 农业企业会计核算办法——生物资产和农产品（财会 [2004] 5 号）. 2004-04-22.

江西省政府. 江西省育林基金和维简费征收使用管理办法（赣府发 [1998] 27 号）. 1998-01-01.

财政部. 国有林场与苗圃财务制度（暂行）（[94] 财农字第 371 号）. 1994-11-23.

财政部. 国有林场与苗圃财务制度（暂行）（[94] 财农字第 371 号）. 1994-11-23.

财政部，国务院扶贫开发领导小组，国家发展计划委员会. 财政扶贫资金管理办法》（试行）（财农字 [2000] 18 号）. 2000-5-30.

财政部. 财政扶贫资金报账制管理办法（试行）（财农 [2001] 93 号）. 2001-08-02.

财政部，国家林业局. 国有贫困林场扶贫资金管理办法（财农 [2005] 104 号）. 2005-07-04